Making Sense of It All
Pascal and the Meaning of Life
By Thomas V. Morris
Copyright ©1992 by Wm. B. Eerdmans Publishing Co.

Originally published by Wm. B. Eerdmans Publishing Co.
2140 Oak Industrial Dr. NE, Grand Rapids, Michigan, 49505, USA
Published by agreement through
Beijing Abundant Grace Communications Ltd.

帕斯卡尔
与人生的意义

Making Sense of It All
Pascal and the Meaning of Life

托马斯·莫里斯（**Thomas V. Morris**）/ 著

李瑞萍 / 译

上海三联书店

献辞

致帕斯卡尔的挚爱者:
愿你们的生命日益兴盛!

目 录

前　言

　　这本书中的思想令我兴奋不已。在过去七年里，我和这个国家一些杰出的教师一起阅读并讨论了布莱斯·帕斯卡尔(Blaise Pascal)极其深刻、引人入胜的作品，这本书的思想就是在阅读和讨论这些作品的过程中形成的。这些杰出教师来自小学、初中、高中、预备学校、公立学校、私立学校以及教会学校，他们成熟睿智，富有探究精神和求知热情。在暑期的一个月时间里，他们聚集在圣母大学(Notre Dame)，探讨哲学、享受生活、养精蓄锐、重建生活的优先次序，并拓展各自的视野，进一步理解人生的意义。

　　一个又一个夏天过去了，在国家人文科学基金教师暑期研讨会项目的资助之下，有多个十五人小组来到圣母大学所在地南湾市(South Bend)，这个项目在我们的高等院校和中小学教育系统之间搭建了桥梁。我在这个项目中结识的许多老师给了我灵感，他们的所有问题以及想法，让我这个哲学家更加深知哲学思考对每个知识分子有多么重要，我为此感谢他们。他们给了我深刻的见解,也给了我活力,有一个小组还送给我一支漂亮的万宝龙牌钢笔,我就是用它写了这本书。

　　本书谨献给所有热爱帕斯卡尔的人们,与之一起献上的,还有我对他们的挚爱和感激之情。

第 1 章　我们急需向导

　　如果你停下忙碌的脚步去思考人生,可能会觉得很困惑。想象一下这种情形:在一片广袤的大森林里,你从沉睡中突然醒来,但你失忆了。你环顾四周,似乎自己是在旅行途中,但你极为震惊地意识到,你根本不知道自己从哪里来,怎么来到这里,现在置身何处,又要去往何方。你没有地图,也没有指南针。周围的环境怎么看都完全陌生,甚至危机四伏。如果能出现一个人,他似乎明白你的处境,且能回答你的所有问题,你就会听他说。至少,如果我是你,我肯定会听他说。如果这个人对我当下所处环境的描述,可以合理地解释我所听到或看到的一切,我就会更专心地听他讲述我的出身、使命以及最终归宿。我希望你也如此。

　　这当然是对人类境况的简单描绘。大多数时候,我们过着梦游一般的生活。当有些事情发生,将我们从麻木中唤醒时,我们便呆坐在那里,茫然不知所措。如果有个人能够帮助我们了解自己的处境,我们应该听他说,这是再合理不过的。17 世纪伟大的科学家及数学家布莱斯·帕斯卡尔就是这样一个人。在帕斯卡尔的《思想录》(*Pensées*) 一书里,我们可以看到他为写一本书而作的一些笔记,那是一本我们迫切需要的、旨在成为我们的地图和指南针的书。但是,这本书还没有写,帕斯卡尔便过世了。但是那些笔记本身展现了一个伟大灵魂的深邃思索,以至于三百年后的今天,《思想录》仍然畅销不衰。这些思考含括人类对于美好生活的向往、人性的伟大和可悲、信仰的本质、上帝的隐藏性以及宗教世界观的说服力等主题,既深邃,又充满真知灼见,构成了一笔足以改变世人生活的哲学遗产。我曾经目睹这种改变的发生。有些成熟、智慧、阅历丰富的知识分子能够认识到自己对人生真正要紧之事所知甚少,他们往往能在帕斯卡尔的思想中找到令人兴奋的新视角和新的思考方向。许多几乎放弃寻求人生意义的人,在帕斯卡尔的这些笔记中找到了足够的线索、启发和亮光,因而被激励再次去寻求人生的意义。

在这本书中,我想和帕斯卡尔一起探究那些确定我们方位的最重要的问题。这不是一本介绍帕斯卡尔的书,尽管书中有许多关于他生平的有趣研究。这也不是一本介绍《思想录》的书,而是一本介绍《思想录》关乎什么的书,一本运用帕斯卡尔的那些笔记重新审视其重要主题的书,这些重要的主题就是信仰的本质、理性以及人生的意义。我想和帕斯卡尔一起,努力解释用于思考这些问题的一些坐标,并根据我们的理解为我们的人生指出一些合适的道路。

然而,帕斯卡尔的一些情况——有关他的生平和影响的一些情况,有助于我们正确理解他所表达的思想,也有助于我们了解我们这位谈话伙伴。

1623 年,布莱斯·帕斯卡尔生于法国的省会城市克勒蒙(Clermont),据史学家称,这是一个典型的中世纪城镇,城里狭窄的街道上到处是垃圾和污水,是疾病与苦难的温床。在这样的城镇也没有多少有益的保健活动。例如,曾有一段时间,那些没有现代卫生设施的人家,每日在天黑之后会从窗户把便壶里的污物倾倒在马路上,因此饭后散步是不可能的。

帕斯卡尔的母亲在他三岁时去世,留下了她的丈夫、小帕斯卡尔和他的姐妹。四年后,帕斯卡尔的父亲艾蒂安(Étienne),一个律师兼高级政府公务员,做了一件当时十分罕见的事:他辞去了公职,一心抚养和教育孩子们。艾蒂安是一个思想活跃的业余数学家,他决定举家迁往巴黎,因为那里有更多智识和文化上的激励。一到这座大城市,他们便融入了那里的生活,开始与当时的名门望族和学术要人交往。现在,如果富户人家打算举办宴会,为了确保成功,他们往往会邀请几个影视明星、一两名摇滚歌手,可能的话,还会邀请一些《体育画报》的封面人物。然而在当时的巴黎,要举办一场真正令人感兴趣的聚会,客人名单中必定包括几位杰出的数学家,还有一些起陪衬作用的学者。虽然这很难想象,但是在当时的确如此。因此即使是在社交场合，小帕斯卡尔也会接触到各种各样的思想，他所受的教育并不局限于课堂。

不过在家中留给正规教育的时间卓有成效。艾蒂安喜欢以问题为中心的教学方式，他会布置问题让布莱斯去解决，学生的任务就是想方设法来解决问题。据说年幼的帕斯卡尔有一天在饭桌上注意到有人敲盘子，他被盘子发出的声音所吸引，于是开始研究这种现象，他看到什么就敲什么。在家人和朋友的视野中消失了一段时间之后，他出人意料地写出了一篇有关振动和声音的小论文。你永远都不会知道，孩子们敲打家具时他们的小脑袋里在想些什么。小帕斯卡尔是一个好奇心很强的孩子，从小就受到鼓励去动手动脑，这样的家庭环境孕育出一个一流的实验型科学家绝非偶然。

艾蒂安一开始就决定教小帕斯卡尔学习各门主要传统学科，只有一门例外。他认为这门课程对小男孩来说过于刺激，它令人陶醉，会诱使人完全投入其中，所以在小帕斯卡尔十五六岁之前不能教他。他担心小帕斯卡尔一旦接触它，就会不顾一切地沉迷其中。因此这位谨慎的父亲，小心翼翼的老师，为了保护那颗敏感而幼小的心灵，便把所有的数学书都锁进了一个柜子里。然而小帕斯卡尔的姐姐告诉我们，在他只有十一岁时，父亲就撞见他偷偷躲在房子后面做几何题。据她回忆，小帕斯卡尔当时正在自己摸索欧几里得几何学。那位老数学家高兴至极，立刻打开了藏数学书的柜子，让他的小神童可以自由地使用这些书。

布莱斯十三岁时,父亲就带他去朋友家参加每周一次的小组讨论。参加这些讨论的学术界人士中,有当时最伟大的数学家、科学家和律师,如梅森(Mersenne)、罗伯瓦(Roberval)、伽桑狄(Gassendi)、佩蒂(Petit)、勒帕勒尔(Le Pailleur)、费马(Fermat)和笛沙格(Desargues)等。这个小组和许多大名鼎鼎的人物,如霍布斯(Hobbes)和笛卡尔(Descartes)等都有联系,它本身也是培养科学人才的温床。每次聚会一开始就会有成员大胆陈述一篇论文,来捍卫某个新的或有争议的观点。接着他就会成为众矢之的,在座的所有人都会参与对这一主题的争论和批判。有人发表反对意见,就会有人回应。接着又有人提出批判意见,又会引起反驳。这种活泼的、有时甚至白热化的你来我往的讨论,一定给前来观看并聆听的小帕斯卡尔留下了深刻的印象,因为多年后当他致力于宗教信仰领域的研究时,他也常常采用与想象中的谈话对象对话的方式,这个具有代表性的对话伙伴会提出反对意见,提出尖锐的问题,这种你来我往的辩论方式,正是当年他在那个精力充沛而活跃的讨论小组中的所见所闻。曾经接触的一切都对他产生了影响。

十六岁那年,帕斯卡尔向那个讨论小组陈述了自己有关圆锥曲线的论文,并受到了小组资深成员们的赞赏,他的天分很快被传为佳话。事实上,他开始获得很多关注和赞誉,以致引起了部分权威学者的嫉妒,他们不喜欢竞争,也不会掩饰自己的不满。当时一位科学家曾经评价这个新秀是"一个很有头脑但十分无知的年轻人"。当帕斯卡尔听到这样的评价时,他回答说:"你们这里有个人学富五车,却没有什么头脑。"

与此同时,艾蒂安自己深陷一场有关政府财政的论战当中。他过去把钱投资在政府债券上,而现在政府决定不支付他和他的投资伙伴们应得的收益,他们强烈抗议,这导致老帕斯卡尔不得不离开巴黎去躲避一段时间。他的一个女儿参与了为大权在握的红衣主教黎塞留(Cardinal Richelieu)举行的一次演出,其间她为父亲的安全向黎塞留恳求并得蒙应允。黎塞留甚至还送给老帕斯卡尔一份礼物——他让老帕斯卡尔负责在上诺曼底省推行并征收赋税,这会给他带来经济利益。上诺曼底省刚刚经历抵制税收的武装流血冲突,所以,至少可以说,这个新职位是一份令人哭笑不得的礼物。

然而,在武装护卫和儿子的帮助下,老帕斯卡尔开始了自己的工作。有许多个夜晚,小帕斯卡尔和父亲一起熬夜计算税额到凌晨。由于工作时间很长,他们可以听到鲁昂镇上打更的钟声,一声接着一声。小帕斯卡尔突然想到,如果这个钟的机械结构可以计算小时数,那么他们就应当能够制造一台机器来做数学运算。老帕斯卡尔极为热情地鼓励儿子努力实现这一想法。两年间,小帕斯卡尔做了五十多个计算器模型,在当时这一成就本身就是一项设计制造和技艺奇迹,至少与制造这种计算器所涉理论的发展一样令人钦佩。

这段人生经历凸显了帕斯卡尔在许多方面的天赋,他在立体几何学上的特长之一就是他具有生动形象的想象力。在这件事上,他的想象力变得狂热起来,从而推动他实际生产出一台计算器,这台计算器被认为是现代计算机的先驱。帕斯卡尔不仅是思想家,还是实干家。监督机器的生产绝非纯理论家的工作。计算器制造出来后,帕斯卡尔便成了一名销售人员。他预见到此类产品的潜在市场,便制作了一些促销的印刷品,其主要形式是他与一个持怀疑态度的顾客对话,帕斯卡尔介绍他的机器,顾客提出反对意见,帕斯卡尔就反对意见进行回应。这让人想起他当年在他父亲的学术讨论小组里听到的问答式辩论,而在后来的《思想录》中,我们还会看到许多段落采用了这种极具说服力的对话模式。但是帕斯卡尔意识到,要销售这些机器,仅仅在理论上说服客户是不够的,人并非理性的机器,不是单靠理性就可以说服的。人有情绪,有态度,这些方面也必须说服。他们还有审美情趣,这也必须考虑在内。因此帕斯卡尔聘请一位诗人写了一首十四行诗作广告,这是一个 17 世纪版本的广告词,虽然只比"或早或迟,你会需要一台计算器"这样的话稍稍优美些,但毕竟是一首诗。

他超前于自己的时代,那时还没有什么商业机器的市场,更没有批量生产机器的条件。但那就是帕斯卡尔!他开辟新道路,想象新事物,在思考和行动的道路上不断开拓创新。后来他就自然界是否存在真空这一问题又写出了重要的著作。他对哲学家们纯属玄思的辩论感到厌烦。继意大利物理学家托里切利(Torricelli)之后,他通过设计实验,证实了有关大气压力的重要真理,对气体力学产生了深远的影响。几年后,他开始着迷于概率博弈(games of chance),并奠定了概率论和现代决策论的部分基础,后者是被核战略家与足球教练所使用的强大的计算科学。他还设计了欧洲第一套公共交通系统。从高深的抽象理论到最平凡的事物,他敏锐的头脑是数学和科学创新的一片沃土。当他将注意力转移到对宗教和人类境况的研究时,他仍然拥有同样敏捷的思维。优秀的分析能力、生动形象的想象力和实践意识——不仅重视思想,而且重视**行动**——是他的强项,也产生了富有影响力的研究成果。

我们再依次简短地介绍一下他的家族信仰历史及他个人的某些心路历程。帕斯卡尔家族是传统的天主教家族。帕斯卡尔大约二十二、三岁的时候,父亲出了事故,不得不求助于两位接骨师。这两个人是兄弟,他们是宗教思想家詹森(Cornelius Jansen)的追随者。詹森曾写过一本有关圣奥古斯丁的巨著,其中强调了上帝救赎的恩典以及将信仰融入日常生活的重要性。詹森的一个校友,圣西兰神父(Abbé de Saint-Cyran),是一个教会改革家,他想把詹森的思想应用在教会实践中。他曾说:"近五六百年来,并没有一个**真正的**教会。"因此教会里没有什么人喜欢他。黎塞留曾这样论及圣西兰神父:"他的五脏六腑都着了火,这使他的头顶冒烟,他却将这烟雾误以为是灵感。"这是历史上言词最激烈的贬损语之一。

帕斯卡尔因结识那两兄弟而开始接触到詹森派的思

想,这对他产生了深远的影响,他经历了一种信仰的觉醒。詹森理论与实践结合的思想打动了帕斯卡尔。詹森派在许多方面逐渐被认为是天主教的异端,成为当时各方争论的热点。帕斯卡尔也介入这场争论之中,写了多封才华横溢的书信以打击詹森派的主要论敌耶稣会。《致外省人信札》(*Provincial Letters*)的写作和印刷虽然都是秘密进行的,但这些书信仍然广为流传。许多法国文学专业的学生将这些书信视为从未被超越的辩论文典范。

帕斯卡尔是否认为自己属于詹森派,是一个颇有争议的问题。帕斯卡尔无疑是很多詹森派领袖的朋友,他的一个姐姐也加入了詹森派。他与詹森派有着千丝万缕的联系,并为之辩护;他从中学到了很多神学的精髓,并开始在基督教信仰对人类生存意义的重要性上形成了新的认识。

帕斯卡尔二十九岁那年,他的父亲去世了,他开始进入许多史学家所谓的"世俗生活时期"。大约有两年之久,他热衷于社交和朋友们的各种娱乐活动。显然,这段时间获得的洞见对他诊断人类的境况发挥了重要作用,这在《思想录》中表现得非常突出。1654 年 11 月 23 日夜,三十一岁的帕斯卡尔经历了一次神秘的体验,这使他发生了根本转变,他的生活秩序也因此发生了变化。传记作家称这个夜晚为"火之夜",因为在那夜的经历中,火的形象或异象是举足轻重的。

没有迹象表明,帕斯卡尔在有生之年曾向什么人提及此事。只是在他死后,一个仆人才从他缝在大衣衬里的一张纸上发现了有关此事的记载。作为一个科学家,即使在突如其来、出人意料的神秘经历中,在一个将会改变他整个生活的经历中,帕斯卡尔也显然是理智的,并有意做了笔记。这些记录固然有些令人费解,但对于帕斯卡尔来说,它们显然十分重要,所以他会小心地誊写在羊皮纸上,终其一生把它隐秘地随身携带。它们是了解那次经历——那次让帕斯卡尔踏上另一条道路并将余生绝大多数时间倾注其中的经历——的唯一线索。

他酝酿着一个计划。他要写一本书,向不信的朋友和同时代人有力地阐述基督教信仰。他开始做笔记,起草辩论题目,列出各种思想大纲。之后,还没来得及把这些材料修改润色成自己预想的书稿,他就病倒并离开了人世。一生的疾病和磨难从来未能遮挡帕斯卡尔天分的光华,但在他三十九岁那年却使之熄灭了:他生于 1623 年,卒于1662 年。

但帕斯卡尔留下的笔记被整理了出来,至少许多笔记分标题组合在了一起,随时可以使用。在他去世几年后,部分笔记得以发表,后来又有许多不同版本的文集得以出版。这些版本有一段漫长且饱经磨难的历史,但那不是我们关注的范围。我将引用奥尔本·克莱尔石美尔(Alban Krail-sheimer)主译的拉菲马(Lafuma)版本(《思想录》,企鹅古典版)。每段笔记都被编号,编号方式与较早的布伦士维格(Brunsvig)版本不同,后者也有英译本。

由于文本的性质——是为写一本书而作的笔记的汇集

而非一本书,如果将《思想录》从头到尾读下来,可能会有些困难。书中充满涉及许多领域的精辟洞察,但也有许多章节会令许多初读的人有些摸不着头脑。书中也有一些模糊、神秘的指涉和不甚完整的思想。我不会从头到尾把《思想录》评论一遍,我想做的是关注我认为这些笔记所呈现或隐含的最重要的思想和主题,也就是在我看来帕斯卡尔思想的主线——这是他为了帮助我们在今生找到自己的道路而在地图上标出的主要坐标。

帕斯卡尔有关上帝与人性的思想颇有争议,这也不足为奇。根据帕斯卡尔所描绘的人类处境的方式,伏尔泰(Voltaire)说他是"一位高贵的愤世嫉俗者",一个憎恶人性的人。安德烈·苏亚雷斯(André Suares)曾经评价帕斯卡尔说,如果除去上帝,他就是"最彻底的虚无主义者"。与之相呼应的是莱斯特·克罗克(Lester Crocker),他曾经把历史上最乖张的人物萨德侯爵(Marquis de Sade)称为"一个没有上帝的帕斯卡尔"。甚至杰出的天主教哲学家雅克·马里坦(Jacques Maritain)也谴责他所谓的帕斯卡尔式"基督教犬儒主义"。

然而帕斯卡尔也被称为圣人、先知和最伟大的宗教作家之一。马克思主义作家吕西安·戈德曼(Lucien Goldmann)曾经称他为"第一个现代人"。在意识到帕斯卡尔的重要性后,艾略特(T. S. Eliot)甚至评论道:"帕斯卡尔是历世历代都会被人研究并必须被研究的作家之一。"这确实是一个极高的褒奖。阿兰·布鲁姆(Allan Bloom)在他最近的

畅销书《走向封闭的美国心灵》(*The Closing of the American Mind*)中提到:

> 稍稍夸张地说,有两位作家塑造并限制了受过教育的法国人的头脑。法国人生下来就是,或者很早就变成,笛卡尔或帕斯卡尔的信徒。(类似的可以说,莎士比亚教育了英国人,歌德教育了德国人,但丁和马基雅维利教育了意大利人。)笛卡尔和帕斯卡尔都是法国有影响的作家,他们告诉法国人民他们有哪些不同的选择,并且就人生中永久存在的问题提供了独到而有力的见解。

布鲁姆对于这两位伟大思想家的比较有诸多不当之处,但是在关于人生以及理解人生的意义方面,这两位学者代表了两种完全不同的进路,在这一点上布鲁姆是正确的。笛卡尔是"现代哲学之父",他对于人类理性能够发现并证明人生各方面真理的能力过于自信。帕斯卡尔则看到人们内心深处的问题,既认识到理性的力量,也认识到理性的有限。笛卡尔无限乐观地相信我们有理解的能力,也有证明我们理解的能力。相比之下,帕斯卡尔则在指出人类能力的同时,也指出了人类的软弱,他注定会被某些评论家视为悲观主义者、犬儒主义者或虚无主义者——至少,沉浸在笛卡尔迷梦中的人会这样理解帕斯卡尔。

从所有方面来看,笛卡尔都是哲学家中的哲学家,他喜欢质疑、求证、系统化。但我们却很难将帕斯卡尔归类,他到底是什么身份？他当然是数学家和科学家,他还是一个发明家。那他是否也如一些人所说的,是一个宗教神秘主义者？一个神学家？一个早期的存在主义者？抑或他只是一个才华横溢的业余爱好者,一个喜欢涉猎一切的人？有人将帕斯卡尔尊为伟大的哲学家;而另外一些人则认为,他和笛卡尔不同,根本就不是一个哲学家,尽管他的《思想录》和《致外省人信札》在书店里总被归在哲学类。毕竟,今天各种疯狂的思想,上架时都归在"哲学"这个标签之下。

　　有趣的是,我们留意到,帕斯卡尔自己有时候将哲学阐释为一种尝试,即人类单凭理性思辨去发现、证明和系统化终极真理的所有要素:

　　　　即便那是真的,我们认为所有的哲学都不值得付出一个时辰的努力。(84)

以及:

　　　　我们总是想象柏拉图和亚里士多德穿着长长的学位袍,但是他们和其他人一样是普通的体面人,喜欢和自己的朋友们谈笑。当他们以写作《法律篇》和《政治学》自娱时,他们是为了好玩而写的。那是他们生活中最不严肃且最不哲学的部分:最哲学的部分是单纯地、不慌不忙地生活。(533)

最后,这里有一段逻辑学学生最钟爱的言论:

> 世界上有许多人抛弃了上帝的律法和自然法则,结果却又自己创造法律,并且像圣战战士、强盗、异端那样谨慎遵行,逻辑学家也是这样,这真有趣。(794)

帕斯卡尔认为当时的一些著名哲学家自命不凡地以为自己拥有终极知识,他显然很擅长开他们的玩笑,并打击他们的这种傲慢。

不管帕斯卡尔还应当归于哪一类人,我们都可以说他是一个才华横溢、思想深邃的基督教思想家,一个在许多领域实践自己才智的人。他在历史上为人所知的首要贡献,就是以不同寻常的敏锐洞察力,把基督教对现实的看见清晰地表达出来。他常常让读者感到震惊、愉悦、迷惑、生气,甚至激动不已。不管我们发现自己在反驳他还是在称赞他,都必然会从他身上学到一些东西。

这就是我们用帕斯卡尔的那些笔记作为本书主要向导的原因。同时我们会求教于从事这一领域研究的其他人,例如从古希腊人到托尔斯泰以及伍迪·艾伦(Woody Allen)等。在探索信仰、理性和人生意义的道路上,我们会追寻所有看似充满希望的线索。我深信,我们求教的这些向导将使我们的行程得以进展。他们或许不能马上带领我们走出丛林,但他们会帮助我们向正确的方向前进。

第 2 章　冷漠之愚拙

完全迷失在丛林中诚然不幸，对此漠不关心则不可理喻。然而就有许多这样的人，可以花数周时间掌握新的电子游戏，花数月时间练习网球的发球技术，或者花数年时间纠正高尔夫的挥杆动作，却不愿意花几天，哪怕是几个小时的时间，来更好地了解某些更加深刻的人生问题。在帕斯卡尔的时代，有些人很聪明或颇有见识，但对于终极问题却无动于衷。在我们的时代，这样的人也很多。帕斯卡尔希望用自己要写的那本书，唤醒无动于衷的朋友们，并且激励他们在哲学或宗教道路上寻求人生的意义。他的最终目的是引导他们，让他们明白基督教信仰就是真理。但是首先，他必须引起他们的关注。他必须向他们表明，聆听是有益的。他必须让他们关心这件事。

有位教师曾经问一个非常聪明但不爱学习的学生："无知和冷漠有什么不同？"那位学生回答："我不知道，也不在乎。"这恰好就是答案。无知者不知道，冷漠者不在乎。无知者没学到，冷漠者不想学——除非有人激起他的热情。冷漠、无动于衷、漠不关心和藐视是教师遇到的最大障碍。如果帕斯卡尔想教导那些迫切需要教导的人，他就不得不尽自己所能来排除这些学习知识的障碍。

帕斯卡尔的一些熟人对终极问题不以为意，他对他们的评价是：

> 不爱真理的人为自己开脱的理由，是真理尚存争议，还有很多人否定它的存在。（176）

"看啊！"这些人说，"数世纪以来哲学家们一直都在争论上帝是否存在、我们是否有灵魂、死后的生命以及至善的构成等问题。他们众说纷纭，莫衷一是。相信上帝的有神论者有一套自己的论据，**支持**上帝的存在。无神论者也有一套自己的说法，**否认**有这样一位上帝存在。争论仍在进行。为什么要加入这场争论呢？它能带给人什么？明智的人岂不应该保持清醒的头脑，置身事外，关注更加实际的问题，关注那些可以解决的问题和事情吗？至于这些终极问题，有望得到答案吗？有了答案又有什么意义呢？"

宗教的终极问题和哲学的基本问题确实颇有争议，在很大程度上，这是真的，人们没有达成关于这类问题的普遍共识。但那又怎么样呢？由此可以断定我们不可能认识这些真理吗？当然不是。我们是不是不太可能成功？我不明白为什么不可能。如要找到关于此类问题的真理，我们需要的只是认真思考,谨慎对待。我们并没有必然成功的保证,但也不能断定我们会必然失败。我们只是需要尽自己最大的努力去寻求真理,这些问题也确实值得我们如此付出。

一个人曾经对我说,他一辈子都被告诫,不应该在有教养的人群中谈论三个主题:信仰、性和政治。接着他补充说,随着年岁的增加,他越来越认识到,只有这三件事值得谈论。

意识到信仰问题充满争议,是人们对信仰冷漠的原因之一,也是为冷漠的行为开脱的非常普遍的原因。人们"以真理尚存争议为由为自己开脱",帕斯卡尔称这种人是"不爱真理"的人,生动道出了这类人的特征。爱的对象可不是无所谓的事情:你若拥有它,就会热爱它;你若缺少它,就会追求它。对终极问题漠不关心的那些人,既不热爱真理,也不追求真理。帕斯卡尔在论及一切终极问题之中最终极的问题时曾说道:

> 只有两类人可以称为理性的人:因为认识上帝而全心全意侍奉上帝的人,和因为不认识上帝而全心全意寻求上帝的人。(427)

在另一处笔记中,他更进一步分类说:

> 只有三种人:一种是找到了上帝并侍奉上帝的人;

> 另一种是极力寻求而没有找到上帝的人;再一种是活
> 着既不寻求也没有找到上帝的人。第一种人是理性
> 的、幸福的,第三种人是愚拙的、不幸的,第二种人则是
> 不幸的、理性的。(160)

追寻此类终极问题的真理有时并不惬意,但为之花时间和精力却是合理的。实际上,不去寻求这些问题的答案,则是不可理喻的。那么为什么没有更多的人探究至深的真理呢?其实,正如我曾经提到的,这项任务可能令人不快,可能困难重重,也可能让人沮丧。

面对终极问题,人们也可能却步不前。在电影《汉娜姐妹》(Hannah and Her Sisters)中,伍迪·艾伦扮演的角色试图告诉他信犹太教的父母,他难以相信他们信仰的上帝。他的母亲不想听此类胡言乱语,便将自己锁在卫生间里。那位充满疑惑的年轻人冲着卫生间大喊大叫:"好,如果有一位上帝,为什么世界上有这么多邪恶,简单地说,为什么会有纳粹呢?"这时候,他的母亲从卫生间的门后向厨房里的丈夫喊道:"告诉他,马克斯。"那位父亲回答:"我怎么知道为什么会有纳粹呢?我连怎么使用开罐器都不清楚。"

我们人类的背景有限,阅历有限,除了这块三磅重的我们称之为大脑的凝胶状肉块外,便无所依赖,怎么能够期望理解至深的生命之谜呢?有些人认为这整个想法即使不是荒诞不经,也有些强人所难,甚至是狂妄的。

有些人更加务实,对哲学或者神学的探究很不耐烦。

我在自己家里就亲眼目睹了儿子和女儿有时因性情不同而产生的冲突。我的女儿莎拉在八岁时就是一个严肃、务实的姑娘。她和六岁的弟弟马修在一起时会有些不耐烦，因为马修爱幻想，爱思考，惯于提出哲学问题。一天晚上，我们一起玩过一个小游戏后，马修和我到厨房准备点心，莎拉已经开始在餐厅吃饭。马修突然抬起头来，看着我说："爸爸，为什么他们不用一些很难的、没人能回答的问题做一个游戏呢，就像'为什么上帝不是生出来的'这类问题？"莎拉在餐厅碰巧听到了这个小小的神学探究，便立刻回答："因为他一直在那里，呆子！"马修皱了皱眉，沉思片刻，略带沮丧地用更低的声音对我说："有时候，我说不清楚我的意思。我的意思是，上帝是怎么**来**的？"莎拉显然被激怒了，她回答说："他就是出现了！"

有些人希望追寻哲学和神学的探究之路，另一些人则不想。有些人很有耐心地不断寻求，另一些人却认为有更重要的事情要做。我的两个孩子都热爱思考，而且很聪明。那天晚上，莎拉只不过是没有心情讨论哲学或探究神学。有些人似乎从来都没有这种心情，而这在帕斯卡尔看来是不可理喻的。

有的人出于对未知事物的恐惧而回避思考信仰和哲学问题。有的人害怕真的有上帝，不想面对上帝。有的人阅读量子力学、宇宙学乃至当代天文学都感到无法忍受，因为那种极端悬殊的对比令他们非常不安。一个受过良好教育的聪明人曾经对我说，思考星系的距离，甚至我们太阳系的大小,都让她无法忍受。她宁愿将蓝天看作近处的一个圆屋顶,而不去想它的上面还有什么。面对哲学和神学,有些人似乎会经历类似超自然的眩晕感,一种思考差异极大的事物时产生的恶心感。对有些人来说,任何宗教问题都可能带来失控或失控感的威胁,而我们中间有许多人认为自己能够控制自己的生活。有些无神论者认为,宗教信徒只是在心理上极其需要认为有一位仁慈、强大的守护者在看顾世界,一些有神论者则回敬说,非信徒在心理上极其需要相信他们可以为所欲为,没有需要向之交账的更高权威或宇宙的道德管理者。如果你害怕盒子里可能有什么,那么你可能不愿打开盖子看一看。

当然,帕斯卡尔明白,有些人是因为担心周围人的看法,才显得不那么关心宗教问题。他们担心被别人认为是弱者,害怕被贴上"宗教"或"迷信"的标签。他们曲意逢迎那些功成名就或标新立异的"世俗"之人。他们表面上的冷淡只是一种伪装,虽然声称自己不信上帝,不关心信仰问题,但那只是做做样子,目的是树立自信的形象,以便让人接纳自己。帕斯卡尔说:"有些人听说,如此放肆的言行才合常规。"但是,这真的能讨世人喜欢吗?有哪个头脑清楚的人,听到有人说对于终极问题没有任何信仰也毫不关心时,会对这人产生好印象呢?

列夫·托尔斯泰(Leo Tolstoy)在他的《忏悔录》(*Confession*)一书中描述了自己早年放肆败坏的行为:

　　在这段时间,我出于虚荣、自私和骄傲开始写作。我在写作中所做的,正是我在生活中所做的。我写作的目的就是要获得金钱和名望,为此我必须隐藏美好的一切,张扬糟糕的一切。这就是我所做的。在作品中,我一再谋划用冷漠甚至诙谐的面具,来掩饰我对那使生命有意义的良善的渴望。我成功了,得到了人们的赞赏。

　　从托尔斯泰的经历可以发现,冷漠的外表可能会受到赞赏。但是应该如此吗? 帕斯卡尔指出,用这种方式赢得尊重是错误的,而且托尔斯泰自己也认识到这是一个严重的错误。那些对于不关注终极真理和终极良善持褒扬态度的人,我们不应该希图他们的尊重。

　　上帝存在还是不存在? 关于终极实在的根本真理是位格性的真理还是非位格性的真理? 人是在自然发展进程中偶然出现在这个充满敌意的宇宙中的吗? 是短暂存在、转瞬即逝的异常现象吗? 抑或我们可能拥有永恒的价值,并将永远存在? 有些人不知道,也不愿意寻求了解这些问题的答案,他们常常"以真理尚存争议为由为自己开脱"。无论他们的冷漠是真实的还是伪装的,无论其背后的真正理由或原因是什么,帕斯卡尔都非常关心他们。

　　这些备受争议的问题,可分为截然不同的两类。第一类,我们可以称之为**生存外围的有争议问题**(existentially peripheral disputed questions)。这些问题可能受到广泛或激烈的争论,但是其正确答案对于理解我们的人生或者活出美好的人生无关紧要。相比于作为人存在于世的意义这个核心问题,对这些问题的回答都不重要。例如围绕马塞尔·杜尚(Marcel Duchamp)的著名小便器是不是艺术品引发的热烈争论。我相信故事发生的情况是这样的:马塞尔·杜尚是一位著名的先锋派艺术家,有一天他发现了一个废弃的小便器,便极其夸张地在上面签了一个名字(顺便说一下,不是他自己的名字,而是"R. Mutt"),然后将其作为一件艺术品展示给艺术界。现在你可以想象一下,绝大多数画廊愿意将它安置在哪里,许多批评家会对它作何评论。这件被亲笔题名的浴室用具,只是由于一位艺术家的说法,就应当被视为艺术品吗?成为一件艺术品需要什么条件?为此正反双方争论不休。然而,许多人声称不知道也不关心这件事,这也许很正常。这些有争议的问题,无论答案如何,都不会对我的生活产生任何影响。不论我是否能给"艺术"或者"艺术品"下一个准确的定义,我的审美经验一样丰富。杜尚热只是茶壶中的风暴(或者也许我应该说"皮毛茶杯",影射他另外一件不同寻常的艺术作品)。* 我不需要关心这类问题如何解决,以及能否解决。对于此

---

* 杜尚(1887—1968年)是达达派绘画的代表人物。1917年,他把一个小便器署上"R. Mutt"(美国某卫生用品的标记)送往纽约独立美术家协会美术展厅,取名为《泉》,当时引起了强烈反响。他的另一件"现成品"代表作是在《蒙娜丽莎》印刷品上给美丽的夫人加了两撇小胡子,以表明对传统绘画的蔑视。"皮毛茶杯"(fur-lined teacup)的作者为Mérot Oppenheim,此处疑为作者笔误。——译者注

类生存外围的有争议问题,冷漠的态度不仅可以接受,而且合情合理。

但是还有另一类有争议的问题,这类问题我们可以称之为**生存核心的有争议问题**(existentially central disputed questions)。这些问题受到人们广泛或激烈的争论,并且对我们如何理解自己和人生关系重大。对于这些问题漠不关心完全是另外一回事。帕斯卡尔就这类问题举了一个例子——死后生命的问题,让我们看看他是怎么说的:

灵魂不朽的问题对我们如此重要,影响如此深远,以至于若有人对此漠不关心,那就必定是愚蠢之至。有没有永恒福祉的盼望,必定会使我们全部的行为和思想如此迥异,以至于只有根据这一点来做出选择,我们的行为才可能是明智的,这一点也应该成为我们的终极目标。

因而,我们的主要兴趣和首要义务,就是要就这一主题寻求启示,我们的所有行为都取决于此。而这正是为什么我要彻底区分那些没有信仰的人,我要区别那些竭尽全力寻求的人和那些对之毫不在意也不加思想的人。(427)

他接着评论对此类问题漠不关心的人:

他们本身、他们的永生、他们的一切都处在危急关

头，但他们却置之不理，这让我满怀愤怒甚于同情怜悯。此事令我惊讶，令我震惊，令我甚觉恐怖。（427）

一些读者称，他们觉得这些话令人气愤。为什么"永恒福祉"是否存在这一问题一定会深刻影响我们的行为和思想呢？帕斯卡尔是否在说，人们只有相信这样做会得到永恒赏赐，才能过道德和公正的生活？更糟糕的是，他是否在说，我们应该以此为基础决定是否过道德的生活？他确实说过："除非根据这一点来选择我们的道路，就不可能做出具有理智和判断力的行为。"这一点就是不朽的问题。但是，相信不朽是道德生活的必要条件，这也太不符合事实了吧？似乎的确有一些人不相信死后有生命，却过着道德的生活。相信不朽就足以产生道德的行为，这种想法似乎也不正确，有些人期盼来世，但今生的表现极其失败。而且最糟糕的是，倡导以某种奖惩机制为基础来规划人生的道路，似乎无异于把道德建立在一种不道德的基础上，为了激发一种生活方式，迎合的只不过是最愚蠢的自私自利。

这些是严重的指责，但我认为这些说法都是针对帕斯卡尔的一种解读，我们不必接受这种解读。比帕斯卡尔年长的同时代人笛卡尔曾经表达过这样的观点：

由于在此生中，恶行常常比美德得到更多的回报，如果世人既不敬畏上帝，也不对死后生命怀有期望，那么在有用的事和正确的事之间，几乎没有人会选择后

者。(《沉思录》)

这个评论既没有让宗教信仰成为道德生活的一个必要条件或充分条件,也没有把对奖赏的盼望或者对报应的恐惧作为持守道德的合宜动机。它只是表明了一种可以影响动机的关联性,而且这种关联性很难否认。我们并不需要将帕斯卡尔上面那段话理解为建议乃至支持道德行为需要得到回报,即为了确保死后有某种结果并避免其他结果,人们才采取某种行为模式。这段内容可能有稍微不同且更为有趣的理解。

按照我更认同的理解,帕斯卡尔在这里只是应用了我们所谓的**背景原则**(Context Principle):某种行为模式合宜与否总是由它的背景而定。这就是说,某个行为、活动、态度、感情或者某种看法是否合理,有什么价值,至少部分地是由其发生的背景所决定的。这是一个所有文明人都认可,并且不断灌输给小孩子的原则,孩子们从小就明白在家和在外说话的区别。帕斯卡尔的朋友们在任何场合都不会穿得过于随意或过于正式,在日常生活中他们总是遵循这项原则行事——唯独在最重要的问题上却不遵循。他们小心应对一切场合,却唯独不应对那终极的场合。按照背景原则,我们是否在上帝创造的宇宙中生活、行事和思考,我们的行为是否在预备自己和别人走永恒之路,当然至关重要。我努力的成果是否限于短暂的今生?还是我可以制定真正长远的计划?我是否在预备自己和别人拥有真正永恒的关系？还是我们只是过往的船只，行驶在我们所能想象的最漆黑的夜晚？

　　同样，上帝是否存在的问题并不只是现实世界中是否多一个事物存在的问题，而是有关一切事物的终极背景的问题。有神论者和无神论者对**任何事物**都会有不同的看法。关于死后是否有生命的问题，不只是肉体死亡后我们能否再存活一段时间——无论有多久——的问题，而应当被看作我们今生一切行为的总体背景的问题。我们能否永远活着？这不仅对未来，对现在也是一个非常重要的问题。那些相信死后有生命的人，由于信仰的缘故，不会贬低今生的价值。更确切地说，他们拥有一个更大的背景，这个背景赋予今生的小事以更大的价值。这似乎是帕斯卡尔的基本观点。

　　许多善于思考的人已经看到了这种联系。阿尔弗雷德·丁尼生男爵（Alfred Lord Tennyson）曾说：

　　　　如果没有不朽，我就会投海自尽。

第一次看到这句话，我觉得这种观点真是莫名其妙。我也许会说："如果没有不朽，我就远离大海，不乘飞机，只在路面条件理想时才驾车。"让我投海自尽？决不可能。丁尼生男爵可能在想什么呢？后来看到的另外两段引文，才让我理解了这段有些晦涩难懂的话。19世纪英国历史学家伯克尔（Henry Thomas Buckle）曾经写道：

> 如果不朽不是真的，那么其他一切无论真实与否，
> 都无关紧要。

震动世界的人物俾斯麦（Bismarck）曾总结说：

> 如果没有死后生命的盼望，今生甚至不值得早上费
> 劲穿衣服。

这些都是相当极端的观点，它们绝不普遍。但是在我们的
时代，前马克思主义作家科拉科夫斯基（Leszek Kolakowski）
评价说：

> 如果个人的生命注定要遭到无可挽回的毁灭，而且
> 所有人类创造的成果，不论是物质的还是精神的，都会
> 如此，那么，我们或者我们的工作成果无论存在多久都
> 毫无意义。乔凡尼·巴比尼（Giovanni Papini）虚构的
> 雕刻家在几秒钟内就做好的烟雾雕像之于米开朗基罗
> 不朽的雕像，几乎没有任何区别。（《宗教》）

这个问题是关乎永恒、意义和价值的问题，关乎客观的永恒
意义和客观的永恒价值。

一些哲学家已经指出，我们可以赋予我们的行为以意
义，或是通过评价行为本身，或是将行为作为手段来评价，

用以实现那些我们认为有价值的目标。但是在一个冷漠甚至充满敌意的宇宙中,这样的人为评价本身岂不是空洞的姿态吗?合宜地置于评价背景中的任何事物都具有某种意义,它被赋予了意义。但是我们的生命本身以及我们的评价行为有任何意义吗?犹太-基督教信仰传统的回答是,它们确实有意义。我们的生命有一种客观、永恒、超越我们现在所见的意义,一种永恒存在、绝对完美的创造主上帝所赋予的价值。生活中有许多事物是我们可以决定的,然而也有许多事物是我们无法决定的。一切人类生活和行为都有客观和正确的目标,有道德和属灵的目标,这些目标的达成将会永久实现固有的良善。这是基督教强调的信息,也是帕斯卡尔希望与冷漠的同时代人分享的教诲。我们渺小的生命在无限和永恒的背景中呈现,单从这一点,生命就可以获得最深的意义,这就是帕斯卡尔迫切希望传递的信息。如果这个信息是真实的,那么我们所有人都需要聆听。

我认为背景原则无懈可击。哲学家罗素(Bertrand Russell)曾经对它有过截然不同的运用。罗素对信仰充满敌意,在《自由人的崇拜》(A Free Man's Worship)这篇著名的文章中,他曾经写道:

> 人是许多原因的产物,这些原因并不能预知它们将要造成的结果。他的起源,他的成长,他的期望和恐惧,他的爱和信仰,只是原子偶然的碰撞产生的结果;任何激情、英雄主义、强烈的思想和感情,都不能战胜

死亡而保存一个人的生命;历世历代的全部劳苦、全部
付出、全部灵感以及人类明如正午的全部智慧,注定会
随着太阳系的灭亡而消失,且人类所有成果都必将被
埋葬在毁灭的宇宙残渣中——所有这些事情,如果说不
是完全无可置疑,那也几乎已经是确定的,以至任何否
认这些事情的哲学都无法成立。只有在这些真理的框
架之内,只有在彻底绝望的坚实基础上,才能稳妥地建
造灵魂的居所。(《我为什么不是基督徒》)

只有在终极真理的框架之内,才能够建立起合理可行的人
生观,在这一点上罗素是对的。但是,从帕斯卡尔的观点来
看,他恰恰就是在那些真理是什么的问题上出了差错。罗
素和帕斯卡尔都认为这些真理非常重要,至关重要。但是,
罗素一派的无神论宇宙观是正确的吗? 还是持守帕斯卡尔
一派的宗教观更为妥当呢? 我们在乎吗? 我们最好在乎。

　　帕斯卡尔希望能够让我们感到震撼,让我们在乎。所
以他写了一段充满想象力的文字,从无信仰者的角度描绘
了生命的光景:

　　　　让我们想象有一大群人披枷戴锁,都被判了死刑,
　　每天都有一些人在其余人的眼前被屠杀,那些还活着
　　的人就从他们同伴的境况里看到了自身的境况,他们
　　愁苦而又绝望地面面相觑,等待轮到自己的时刻。这
　　就是人类境况的缩影。(434)

这一段话确实让许多读者感到震撼，却是出于错误的原因。他们质疑："帕斯卡尔是一个基督徒，他怎么能说**这**是人类的境况呢？"他们还补充说："这太悲惨了吧。"这些读者未能认识到，帕斯卡尔是在不信的人面前举起了一面镜子。他只是试图描绘，从不信之人的角度来看，生命是何等光景。

但是帕斯卡尔的话只有向不信者提供不寻常的观点，才能达到震撼人心的效果。如果只是就你平常的想法做一些提醒，有什么好震惊的呢？关键在于，不信的人，一个不相信上帝，也不相信和上帝的永恒联结的人，通常情况下不会思索：从他自己的立场来看，这个世界究竟是什么样子。他**回避**此类终极问题。

如果帕斯卡尔能够唤醒一个态度冷漠的非信徒，那么这个人能否发现同伴们"愁苦而又绝望地"面面相觑呢？不会的，因为只有当**他们**从**他们的**信仰立场来面对现实时，才会充满愁苦和绝望，而他们的信仰立场，更准确地说，是缺乏任何能给人类境况带来希望的终极信仰。绝大部分非信徒和罗素不同，他们不会这样直面现实。

他们如何能够做到？绝大多数毫无盼望的人怎样避免认识到自己确实毫无盼望呢？我们这就要来讨论帕斯卡尔关于人类生活最伟大的一些洞见的核心，这就是我们下一章的主题。

第 3 章　消遣之危险

　　对关乎生死这样最深刻且最重要的问题置之不理，人们是怎样做到的？今生——有着诸多问题的今生——到底是怎么一回事，人们为何竟没有更多的思虑呢？对于这些问题，帕斯卡尔有一个十分值得玩味的答案。人们设法**转移**注意力，不去关注这些终极问题，也避免面对自己的全然无望。

　　　　人们既然不能消除死亡、悲惨、无知，为了使自己幸福，他们决定不去想这些事。（133）

那么我们如何能做到不去想这些事呢？请仔细思考下面这段较长却甚机敏的文字：

　　　　消遣。人们从小就被委以重任，去关注自己的荣誉、财富、朋友，甚至去关注朋友的财富和荣誉。他们肩负各样职责、学习语言、锻炼身体的重担,并且还被灌输了一种认识:除非他们和他们朋友的健康、荣誉和财富都状况良好,否则他们就永远不会幸福,而且只要其中一样有问题,他们就不会幸福。他们就这样担负着责任和义务,每天从早到晚受其烦扰。你会觉得,这种使他们幸福的方式可真奇怪:谁还能设计出更好的方式让他们不幸福呢?啊!人还能做什么呢?只要拿去这一切忧虑,他们就会关注自己,思想自己究竟是什么,自己从何处来,自己往何处去。这就是人怎么忙碌和分心都不为过的原因,也是他们被交给这么多要做的事情之后,假如还有时间,就会被劝去消遣、运动,让自己一直忙碌的原因。(139)

这段话的结尾另起一行,经常被错译,听起来很奇怪,像在无端地贬损世人:

> 人心多么空洞,多么污秽!

较好的翻译或许是:

> 人心多么空洞,同时又充满了垃圾!

我们的生命很空洞,我们无法面对这样的真空,所以在其中填满了破烂、垃圾和废物。如果翻译得更接近法文的字面意思,那么帕斯卡尔的意思是,我们充满了排泄物。而且这是我们的错,我们偏离了自己真正的需要。

电影《曼哈顿》接近尾声时,伍迪·艾伦扮演的角色正对着录音机说话,做记录。他在讲述一个故事,其大意是:

> 曼哈顿的人们不断为自己制造一些根本不必要的神经兮兮的问题,因为这样做,他们就不用处理有关宇宙那些无法解决又很可怕的问题了。

我们制造一些小问题,紧紧抓住这些问题,注视着它们,这样我们便看不到更大的问题。而且,帕斯卡尔说,我们发明了更惬意的事来关注:

> 因此,对人们来说,唯一有益的事就是注意力被转移,不思考他们是什么,通过一些使他们忘记这个问题的活动,或者一些使他们忙碌的新奇有趣的爱好,例如赌博、狩猎、迷人的演出,简言之就是所谓的消遣。
> (136)

他又补充道:

> 正因为如此,人们才那么喜欢热闹;正因为如此,监狱才成为那么可怕的一种惩罚;正因为如此,孤独的乐趣才那么难以理解。事实上,这是作为一个国王最主

> 要的快乐,因为人们不断极力转移国王的注意力,为他
> 提供各式各样的娱乐。国王周围的人的唯一想法就是
> 转移国王的注意力,不让他思想自己,因为虽然身为国
> 王,但一思想自己,也会变得不快乐。(136)

把一个赌徒今天会赢得的东西都给他,条件是他待在家里,
这会使他快乐吗?绝对不会,帕斯卡尔认为。猎人想要的
并不是他追逐的那只兔子,而是追逐本身。

在前一章提到的《忏悔录》中,托尔斯泰对他的婚姻发
表过类似的看法:

> 幸福家庭的新环境使我不再追寻人生总体的意义。
> 那段时间我的整个生命都倾注在我的家庭、我的妻子
> 和孩子身上,我也因之而关注生活方式的改善。

这些关注是令人愉悦的,也是高尚的。但是,对它们沉迷到
一定程度,我们便无法关注其他不应该轻忽的事情。

台球、网球、高尔夫球、慢跑、打牌、足球、篮球、垒球、橄
榄球、排球、音乐会、夜总会、音乐电视、餐厅、汽车、杂志、服
装、调情、求爱、聊天——这一切以及成千上万的其他活动,
或说是我们注意力的焦点,都可以让我们不去思考生命的
终极问题。我想,帕斯卡尔原则上不会反对以上任何一件
事,当然也许音乐电视除外(我们很难想象帕斯卡尔佯装弹
着吉他、陶醉于重金属音乐的视频)。我恰巧有时候喜欢看

会儿音乐电视,但这不是重点,重点是什么? 娱乐很好,放松也不错,我们有时确实需要从紧张的工作或其他伤脑筋的事情中脱离出来,放松片刻。那么,帕斯卡尔到底在反对什么呢? 哪里出错了? 错就错在我们**总是**用这样的活动作为消遣,以至于从来不让自己去面对人生的大问题。帕斯卡尔在总结这种消遣的有意抑或无意之结果时,曾说:

> 我们用一些东西挡住自己的眼睛,然后不管不顾地奔向深渊。(166)

"不管不顾地奔向深渊",这也许是许多人的人生写照。直到有点来不及了,我们才停下来思考。在我们的世界里,哲学探讨的确在进行,宗教探求也的确在发生,但多发生在医院里,而不是教室或客厅里。危机出现时,我们才思考哲学,但这时我们的头脑往往不是最清晰的。灾难让人关注终极问题,但是在绝大多数情况下,我们在灾难中情绪很不稳定,很难条理清晰地思考。我们中间有多少人会在汽车燃油用尽时才想起来去加油站呢? 可是我们当中有太多的人直到为时已晚,才会停下来思考一个美好的人生究竟需要什么。

死亡就是那个深渊,我们拼命逃避,同样拼命不去思考。我们不想应对死亡引起的各种问题,我们竭尽全力在心中营造一种感觉:死亡并非近在咫尺,可以置之不理,终极问题不过是地平线那边的一团云雾而已。

　　大约在 1980 年,研究生的哲学训练将近尾声时,我曾经与一个年轻的医学博士,一位病理学者,有过一次有趣的谈话。我们都在耶鲁接受了专业教育,即将踏上工作岗位。他将成为一名医生,而我会走上大学讲堂。在交谈中,我问起那年在病理领域工作的起薪。他说:"嗯,现在我拿到了六份录用函,最低薪金九万,有的工作更有吸引力,高达十余万。哲学领域的薪资如何?"

　　我告诉他:"最低的是九千或一万,最高的更有吸引力的大概一万六左右。"他顿时张大了嘴巴,瞪着我看了几秒钟。

　　"你是说**年薪**九千到一万六千元?"

　　我回答:"没错。"他紧锁双眉,缓慢地摇了摇头。

　　"可是我们都是**耶鲁**毕业的,你和我一样努力!"他一脸迷惑,甚至有些愤愤不平。

　　我们为什么付给医生这么高的薪水呢?因为我们需要他们帮忙把死亡挡在门外,我们希望他们让死亡以及由此引发的难题尽可能远离我们。我们非常需要,所以愿意为此付钱。

　　但是,你是否注意到我们付给明星——那些影视明星和体育明星——更多,其实是多得多的薪水?也许这是因为我们内心深知医生最终将会无能为力,而这些明星可以让我们暂时忘记这一点。这同样说明为什么我们付给哲学家的薪水那么少:他们让我们思考这一点!

　　当代作家诺曼·卡森斯(Norman Cousins)在他所著《人

的选择》(*Human Options*)一书中曾说：

> 在历史中，我们这个时代并不是一个有许多人坚持找时间进行思考的时代。说白了，这不是属于沉思者的时代，而是一个全速奔跑、匆匆一瞥、你推我搡的时代。上亿美元的生意可以替代睡眠。几乎每天都有防止思考的产品冒出来，在商店柜台后吸引人们的视线。"沉静"越来越成了一个令人不快的词，已经成为世界上最缺乏的品质。现代人可能落伍，也可能不落伍，但他肯定拥有音响设备，扭动身体与呼吸一样自然。

当一个人想要跟一个头戴耳机、脚打节拍的人严肃对话时，马上就会明白卡森斯是对的。

如果我们了解一下帕斯卡尔世界观中一个特别有趣的部分，就能更好地理解消遣对人类生活的影响是多么强大和广泛。我发现这种思想极具启发性，甚至很令人兴奋，因为它有助于解释人类行为和各种人类问题。

帕斯卡尔认为这个世界是**分等级的**，他把现实划分为三个不同的层次或级别。在《思想录》中他讨论的三个级别或层次是：

（3）灵性领域

（2）智识领域

（1）身体领域

　　现实的第一个领域,也就是级别最低的领域是身体领域。在这个世界上,一个有意识的活人是不可能脱离身体而存在的。正是这个领域产生了感觉经验,提供了身体活动的平台。智识领域比身体领域高一个层次,它是思考、分析和推理的领域,是大脑的竞技场。灵性领域层次最高,进入这一现实,或这一级别的现实,要通过帕斯卡尔所称的"心灵"(the heart)。在这个领域里有仁爱、敬虔和与上帝真正的相交。

　　现实的这三个层次是人类生存与活动可区分的三个方面。一个完整的、丰满的人生应该包括或涉及所有三个领域,但不幸的是,在人类经历中这很罕见。更普遍的情形是,人们主要生活在一个或两个领域,忽略或最小化了其他领域的价值和体验。

　　帕斯卡尔最难解的笔记之一仅有寥寥数字:

　　虔诚的学者凤毛麟角。

从总体上观察学术界,这似乎是真的。但是在《思想录》中它要表达什么呢?帕斯卡尔为什么说这句话呢?我想这恰恰表明了人类生命**不完全的问题**(The Problem of Incompleteness)。

　　学者到底是什么?学者是在智识领域这个现实层面有特别成就的人。这种成就的危险之处在于,一个学者可能如此沉迷于这个层次的现实,专注于人类经验的这个方面,以致轻视、忽略其他同样真实宝贵的生活层面,甚至完全视而不见。常常迷路的书呆子岂不是最著名、最经久不衰的文化漫画吗?天才不会系鞋带,永远记不住车停在哪里,两只脚穿不同的袜子,忘记自己的口袋里已经有十七支圆珠笔等。不得不承认,我们对这样的故事津津乐道。

一位数学家的朋友的朋友曾经告诉我,这位天才记不住自己家住哪里,虽然他的家离他工作的学校一点也不远。这是一个千真万确的故事,这位数学家每天回家的时候,必须数一数他的家距离学校有几条街,还有右边沿街有几栋房子。三条街,右转,右边第十二栋房子。有一天他回家时由于冥思苦想一个数学问题而忘记数到哪了,就在他感到彻底迷路时,看到一个小男孩在路边玩耍,便喊道:"年轻人,你能告诉我那位数学教授住在哪儿吗?"男孩抬头看看他说:"爸爸,你这是怎么了?"

还有一个故事,这次是伟大的匈牙利数学家魏格纳(Eugene Wigner)。我听说魏格纳当时在访问美国最著名的大学之一,有一位数学系的研究生非常希望结识他,但他每次在数学系的大楼里见到魏格纳,都感到非常紧张。这个伟大的数学家可能正在思考一些深奥的、重要的问题,何必冒昧打扰他呢?然而,有一天,这位年轻的学生在当地一家邮局碰到了魏格纳教授。这是一个公共场所,可以接近这位伟人。于是这位学生鼓足勇气,一边朝魏格纳走去,一边设想怎样向自己所崇拜的偶像介绍自己。但是走到一半时他就放慢脚步并停了下来。魏格纳双眉紧锁，用右手掌拍打着前额，左手还拿着一个信封。他开始来回踱步，步速很快，显然正饱受思索之苦。重要定理曾经在信封背面被证明，也许一个新的定理即将诞生，又或许某个数学领域即将发生一场革命，这个学生根本不敢打扰他。但魏格纳看上去越来越绝望。突然，这位学生脱口而出："魏格纳教授，我能帮您做点什么吗？"听到这句话，天才教授抬头看了看，很吃惊，然后说："噢，对了，'魏格纳'！"他潦草地在信封左上角写上这个名字并将信丢进邮筒。

这些故事可能令人难以置信，如果你有任何怀疑，我建议你去几所知名大学，找到数学系大楼，在下班时站在最近的停车场，花几分钟时间看看那些数学家找自己的车，便足以打消一切怀疑了。

"虔诚的学者凤毛麟角。"帕斯卡尔或许可以说，"善于生活的学者屈指可数。"他或许也可以说，"有智识的体育明星寥寥无几。"体育明星是在身体领域成效卓著的人，是身体极其协调、身体技能发展良好的人。但是，相对来说，却鲜能发现一个有智识的体育明星。为什么？力量和愚蠢有某种直接的关系吗？当然不是，尽管普遍认为四肢发达的人头脑简单。一则伊索寓言"为什么巨人是愚钝的"解释说，每个人在今生都只能获得一定数量的智力和知识，由某位神明将其倾注在人体里面。较大的身躯并不意味着可以得到更多的智慧，于是有限的智慧不得不分布在更大的范围之内，数量便不甚充足。如果你的身躯比别人庞大一倍，那么你就只能拥有一半的智慧。

当然,这样的说法根本没有道理。为了在某个体育项目上表现出色,一个体育明星投入自己的所有时间和精力进行必要的体能训练。开始赢得荣誉时,他可能对自己在身体领域取得的成就很得意,以致完全忽略智识领域。他是赛场上的英雄,他还需要什么呢,还能听得见其他领域的召唤吗?

我曾在圣母大学意外得到一项教学奖励,几个月后,在开课第一天,我走进一个有三百多名新生就坐的大礼堂,又吃了一惊,因为我看到许多身材魁梧的学生,比以往在任何一个地方看到的都多。记忆中,教室里大学校队的运动员从来都不会超过五个或十个。下课后,我出于好奇给体育顾问办公室打电话,询问我的哲学课上有多少学生是校队成员,回答是五十五名。我非常惊讶,十分怀疑自己是否成了考试"容易"通过的教授,我可不想要这个名声,也无法想象我怎么会有这种名声。对方立即打消了我的疑虑。尽管不是所有大学都这么做,但圣母大学的政策是鼓励校队运动员在大学生涯初期就选择一些教授的课,这些教授的教学热情是校方正式认可的。圣母大学希望这些教授能够激发运动员们对思想世界的热情,让他们对学习感兴趣,就像对体育感兴趣一样。听到这个政策,我回答道,"好吧,我很荣幸能够在这样的地方工作。"

那个班一共有二十九名大一的足球运动员,其中二十六名第一次考试不及格。我把他们召集起来谈了一会儿。

"像足球这样复杂的运动,你们踢到现在的水平,需要很多聪明才智,"我说,"你们已经掌握了大量精湛复杂的技能,这说明你们不仅聪明,而且好学。你们已达到顶级的水平,必定非常自律。这三种品质——聪明、好学和自律——是可以转移的,这些品质可以运用在任何方面,学好一门课需要的就是这些品质。从前你们凭借这些品质在其他方面取得了成功,我深信你们在哲学方面也一定可以成功,我深信你们可以学好哲学。"他们确实做到了,美国国家足球联盟里这些未来的哲学家进步特别大,他们证实一个人可以超越一个现实层面的自我满足而涉足更高领域并获得满足感。

我们都听说过一些信徒过于关注天堂,以致在地上没有任何好的表现。操练灵性的一些方式因为贬低身体或与身体争战而声名狼藉。某些宗教圈确实有反智的偏见,这也不足为奇。从帕斯卡尔的角度看,这些都是灵性遭到扭曲的表现。任何一个层面的体验都不应该贬损其他层面。相反,各个层面应该互相促进。一个理想的人生涉足并欣赏所有三个领域。

我们已经看到,在智识领域颇有成就可能使一个人对灵性领域一无所知,或在身体领域极其笨拙。我们也说明了这样一个事实,专注自我的灵性操练可能与身体和智力为敌。我们也看到,在身体领域有惊人特长也会使人不太能欣赏人类经验的智识领域。认识帕斯卡尔的三个现实层次可以帮助我们明白人生之不完全的许多问题。在某个领域取得成就很有可能让我们看不到另外一个或两个领域的存在或重要性。

但是经常有人问我,为什么有那么多技术精湛的运动员非常虔诚,或者有属灵倾向。一些愤世嫉俗的人可能认为,这是因为他们不够聪明,没法理解伴随宗教信仰的哲学问题。作为一个哲学家,我并不这么认为。许多优秀的运动员,从喜欢神秘宗教的长跑运动员,到基督徒运动员团契的橄榄球防守队员,都有着活跃的灵性生活,这确实是一个值得关注的现象。虔诚的运动员不像虔诚的学者那么罕见,这又如何解释呢?

体育运动似乎存在至少两三个通往灵性世界的不同入口。对于我们的问题,一种回答是,那些与自己身体有联系的人也是与自然有联系的人,而与自然的接触会使他们容易进入灵性的世界,即接触自然界的创造者。第二种回答认为,团队运动尤其可能产生一些影响。真正的团队行动会使人谦卑,因为队员们让自己的欲望、需求和自我意识都服从整个团队的益处。而且,我们将在之后较为详细的讨论中看到,谦卑对于属灵生命特别有益。

人类有两种强烈的渴望:渴望与众不同,也渴望融入其中。我们每个人都喜欢别人看自己与众不同,想以某种方式与众人有所分别,我们需要有自己的尊严和价值。但同时我们又渴望融入,特别希望归属甚至融入一个更大的集体,在其中有一席之地,有自己的使命和价值。这是我们爱国、认同某所学校或某个教会,为某个足球队、篮球队和棒球队喝彩的一个原因,我们喜欢以这个更大的集体为荣。

但是,如果我们真的成为团队的一员,或者我们在这个群体中真的非常活跃,以至于需要我们让自己从属于我们认为有价值的共同努力,这种从属就会培养有益于灵性的谦卑。

一个运动员无论是否是团队一员,他几乎都有能够培养谦卑品格的另一种经历,就像乔·路易斯(Joe Louis)曾经说过的,"每个人都被打败过"。每个运动员最终都会不得不面对自己的极限,他会明白自己不能实现心中的所有愿望。这种经历会让他认识到一个更大力量的存在,而这种力量在灵性的世界才能找到。当然,这也并非确定之事。我们可能沉迷在自己的失败中,就像沉迷在成功中一样。但是体育运动员的失败、成功以及努力本身,只要我们愿意,都可以引导我们接近灵性的世界。然而不幸的是,我们通常并不愿意。我们以非常不同的方式对待它们,以致它们成为通向灵性世界的拦阻。

但是,以上这些和消遣在人类生活中的影响力有什么联系呢?非常简单,那些让我们专注某一领域的活动可以转移我们的注意力,使我们不能参与其他领域的活动。美国文化中渗透性最强、最有力量的一些活动就是身体领域的活动,这些活动耗费我们的时间和精力,使我们无暇顾及智识思考和灵性追求。但是,智识活动自身也很有吸引力,能够转移人们的注意力。许多哲学家和神学家都是置身灵性世界之外的专家。令人全神贯注的智力较量可以使人避免真实的灵性挣扎。

人们常常会发现,在整个人类历史中,无神论主要是一种城市现象,乡村地区的人们更有宗教倾向。这是为什么呢?是因为都市人更圆滑世故吗?我想有一个解释比这种说法要有意思得多。都市人生活在人类设计和修建的地方,他走在人行道上,喝着自来水厂的水,用着电力公司的电、油气公司的燃料,吃着食品店的食物,他被隔离在人与人互相依存的网络中。对于这个人来说,"人是万物的尺度",人类自给自足,他只需依靠其他人以及他们生产的产品就可以生存。城市环境,广义地来说,是一种人类的建筑,人类的建造物。相比之下,乡村地区的人们,他们的生活更接近大自然,更接近自然的奇妙和可畏,更接近非人工的、超越人工的事物。住在农村的人生活于人类掌控的边缘,经常面对人类无法控制的事物,这就使他们具有一种都市人很难拥有的谦卑,这种谦卑可能使人更容易受到启示,而都市的霓虹灯将启示隐藏起来了。

知识分子也容易有同样的问题。人的大脑十分有趣。一个人的思想世界可能充满人类的各种概念,将灵性世界的亮光挡在外面。头脑的建构可以使我们更好地认识这个世界,也可以使我们远离非我们所造的实在领域。尽管都市的知识分子拥有许多优势,但他们的这些劣势可能非常严重。都市生活本身并没有错,使用最好的概念工具苦心钻研人类的世界观也没有错。只是人类的建造活动,或者在人类建造中才能开展的活动,容易蜕变为危险的消遣,使我们不能关注生命中最重要的事。

今生的一切都可能被当作一种消遣。"消遣"的范畴是一个功能性的范畴。一个现实层面中的任何活动几乎都可以拦阻我们意识到和欣赏另一个层面。正是因为生命有如此不同的现实，或现实层面，消遣才会拥有对人类这样的影响。帕斯卡尔准确地指出，如果我们想摆脱对于终极问题的冷漠，就必须分辨、理解并且控制这种轻易、莫名其妙就吞没我们的力量。

如果我们迷失在森林中，那么就必须关心并寻找一条出路。冷漠是愚拙之举，我们需要答案。

第 4 章　人生之意义

　　伟大作家列夫·托尔斯泰的经历是历史上最著名的中年危机之一。他曾经创作了《战争与和平》(*War and Peace*)和《安娜·卡列尼娜》(*Anna Karenina*)这样的经典之作。他名扬四海,广受爱戴,也很富有。但是在这一切成功的环绕之下,他突然发现自己深陷一个问题。在 1879 年所写的《忏悔录》中,他描述了自己如何在相当长一段时间内沉湎于种种赞誉、财富和社交活动,然后突然开始质疑这一切的意义。他这样记录那一变化:

　　　　五年前,非常奇怪的事情发生了。我开始感到迷惘,每当此时我的生活就会停滞,仿佛不知道自己该如何生活,该做些什么;我会惊慌失措,陷入忧郁之中。然而这种情况过去后,我又恢复了从前的生活。然后迷惘更加频繁地出现,总是以同样的形式。每当我的生活停滞不前,我就会问自己这样的问题:为什么? 然后呢？

他随后写道：

> 一开始我想这些都是没有意义、无关紧要的问题。我认为答案是众所周知的，如果我试图解决这些问题，也不会太难。只是现在我不应该被这类问题所困扰，但是如果我努力，那我就会找到答案。然而这些问题开始更加频繁地萦绕在我的心头，越来越迫切地要求我回答。如同聚沙成塔一样，这些没有答案的问题汇集在一起，形成了一个大黑点。

对于托尔斯泰来说，一如既往的生活再也不能满足他。他必须知道原因，真正的原因，知道自己如此行、如此生活背后的终极原因。他必须知道这一切的目的，他发现自己在问人生有何意义。他没有能力回答，这让他感到害怕。"有时候，"他写道：

> 我甚至不想去发现真理了，因为我已经猜到真理是怎么回事了。真理就是人生毫无意义。
>
> 这就像我生活了一会儿，彷徨了一会儿，直到我来到悬崖边。我非常清楚地看到前面除了毁灭一无所有，却无法停住脚步，无法回头，也无法闭上眼睛，不让自己看到前面一无所有，只有人生和幸福的幻象、苦难

和死亡以及彻底覆灭的现实。

简言之,托尔斯泰低落到了极点。在这种境地,他说,他自然想到了自杀。

> 黑暗的恐惧如此之大,我想用绳子或者子弹来尽快摆脱这种恐惧。

我们有很多人可以理解托尔斯泰的愿望。一个年轻人在二十二岁时曾经站在那里,双手紧握一把巨大的屠刀,刀尖直抵腹部,决心剖腹自杀。他感到自己的生活已经支离破碎,所以这样死去正合适。他停下来,最后一次回顾自己所有的问题。这些问题看起来无可逃避,根本不可能得到解决,他突然感到特别好奇,想知道这些问题到底会有怎样的结果。他被迷住了,这实在太有趣了。他马上意识到自己必须活下去,来满足自己极大的好奇心。这样,好奇心便救了这个年轻人。他放下刀,跪在地上,做了一个深呼吸,决定活下来。数年后,他当然为自己的抉择感到高兴。因为从二十二岁开始他的人生就一直无比丰富,是他当时根本无法想象的。那些曾经似乎不可能解决的问题如今不过是很久以前的一团烟雾,在正午的阳光里早已不见了踪影。

本来很正常、很健康的一个人考虑自杀,如果这个人真的自杀了,那有可能是合乎理性的吗?我认为不可能。人们考虑自杀的视角必然是有限的、片面的,与自杀这种行为的终结性不匹配。然而有些人认为，任何人，如果断定自己的人生没有意义（托尔斯泰似乎就曾不得不这样断定），都可以构建一个赞成自杀的哲学论证，让我们简单地称之为**自杀论**（The Suicide Argument）。这个论证过程大致如此：

（1）只要力所能及，我就应该除掉世界上的恶事。
（2）绝对荒谬、毫无意义的人生是一件恶事。
（3）我的人生绝对荒谬，毫无意义。
（4）我有能力除掉自己。所以，
（5）我应该除掉自己，在世界上消失。

这个论证旨在表明自杀不仅正确，而且任何有着荒谬、无意义人生的人都有义务自杀。

　　这个论证的第一步表达了一个非常普遍的、乍看上去非常可靠的道德原则，一个大多数人略加思考都会认同的原则。论证的第二步看起来同样无可辩驳。会有人坚持认为荒谬的、无意义的人生是一件**好**事吗？这样的人生似乎也没有什么折中的价值。只要身边有匕首、绳子、枪和子弹，有大桥、高楼、快车和毒药，论证的第四步对于大多数人来说也顺理成章。我们此刻所审视的论证形式在逻辑上无懈可击。也就是说，**如果**所有前提成立，那么由此得出的结论也成立。事实上，这样的论证自然而然会得出这样的结论：只要我的人生是荒谬的，没有意义的，我就应该除掉自己，在世界上消失。托尔斯泰感到他的人生是荒谬而没有意义的,他感到需要结束自己的生命。他好像曾经思考过,按照此类论证得出的结论,他应该结束自己的生命。但是他没有这样做,他做不到,这让他有些厌恶自己。他应该因此厌恶自己吗? 当然不应该。

我认为,托尔斯泰没有能力自杀是因为些许常识介入的缘故。他怎么能够确定自己的人生毫无意义呢? 谁能确切得出这样的结论呢? 一位年轻人曾经认为他的问题无法解决,但是他错了,这个判断是在情绪混乱和压力之下从一个片面的视角做出的。谁能确定自己的人生全然荒谬且没有意义,以致终结生命这个不可逆转的行为是合理的呢? 视角可以转变。但是,自杀以后,其结果永远无法改变。

在《爱与死》(Love and Death)这部喜剧中,伍迪·艾伦简单地表达了这一切。请思考伍迪·艾伦饰演的鲍里斯和戴安娜·基顿饰演的索尼娅之间的一段对话:

鲍里斯:索尼娅,如果没有上帝会怎么样?

索尼娅:鲍里斯·德米汤维奇,你在开玩笑吗?

鲍里斯:如果我们只是一些荒谬的人,四处乱跑,没有意义,怎么办?

索尼娅:如果没有上帝,人生就没有意义。为什么还活着呢? 为什么不去自杀呢?

鲍里斯:嗯,我们不要歇斯底里;我可能错了。我讨厌把自己的脑袋打开花,然后成为报纸上的头条新闻。

哲学上的困扰可以鞭策人去行动,但是也有其局限性。

为什么托尔斯泰认为他的人生没有意义呢?我们将会看到,这与他自己的独特生活或生活经历没有关系。托尔斯泰是从他的特殊情况得出这个结论的,而他的特殊情况是人类普遍的情形。这就是说,他认为自己的人生所具有的、他据以判断其无意义的那些特征,也是他会认为同样适用于所有其他人的人生特征。但是在这种情况下,我们的论证可以支持一个进一步的论述,这个论述本身及其结论,我们可以称之为**终极灭绝附录**(The Ultimate Genocide Addendum):

(6)每个人的生命都是绝对荒谬、没有意义的。

如果托尔斯泰,或者其他什么人,通盘考虑后有充分理由支持最初的第(3)项前提,那么他将由于同样理由支持第(6)项的论述。但是如果这些理由都是对的,他就会不可避免地得出更惊人的结论:

(7)我应该除掉世界上所有人的生命。

如果他拥有或可能拥有这样做的能力。兴许就因为这一点,我也应该让各国元首远离哲学,柏拉图让哲学家做王的理想并不适合核时代。可能与我们的想法正好相反,大规模杀伤性武器放在无忧无虑的前好莱坞演员手中,比放在冥思苦想的知识分子手中要更安全些!

为了理解人们是怎样得出结论,认为自己的生命——或者所有人的生命——没有意义,我们需要进一步探究意义本身的问题。让我们从厘清托尔斯泰的问题开始。

托尔斯泰认为他有一些非常根本的问题,但是这些问题却没有令人满意的答案。在不同的地方,他用不同的方式表达了这些问题,例如:

> 我的问题,就是在我五十岁时把我带到自杀边缘的问题……就是:我今天和明天所做的一切结果如何?我的一生结果如何?
>
> 换言之,这个问题就是:我为什么应该活着? 我为什么有渴望? 为什么想做事? 再换种说法:我的生命是否有某种意义,是必然临近的死亡不能摧毁的?

后来,他说:

> 问题就是:我为什么应该活着? 或者说:我虚幻而易逝的生命是否会产生一些真实而不朽的结果呢? 或者说:在这个无垠的宇宙中,我有限的存在有什么意义?

他在一段最具震撼力的段落中解释道:

　　我不能给自己一生中任何一个具体的行为赋予一个理性的意义。唯一让我感到惊奇的是，为什么我原先竟没有意识到这个问题呢？这一切很久以前就是常识：疾病和死亡即使不在今天，也会在明天临到每个人（事实上，它们正在来临），临到我，除了恶臭和虫豸，我们并不会留下什么。我的行为，无论什么样的行为，迟早会被人遗忘，我自己将不复存在。那为什么还要做事呢？一个人怎么能无视这些而生活呢？这就是令人震惊之处！只有生活麻痹了我们，我们才可能活着；一旦我们清醒，我们注定会发现一切不过是错觉，一个愚蠢的错觉而已！这里毫无幽默诙谐之处，只有冷酷和愚拙。

　　在托尔斯泰的《忏悔录》中，在托尔斯泰解决其他主题的努力中，我们发现四个主题相互关联：（1）苦难的现实，（2）死亡的必然，（3）人生的意义，以及（4）上帝的存在。本书后面会重点讨论第四个主题。他确知苦难和死亡，但是对上帝的存在心存疑虑，因此他发现对于人生的意义这一问题自己正面临一场危机。

　　在很多伟大的文学作品中，以及人类的其他艺术形式中，这四个主题也都互相联系在一起。伍迪·艾伦的电影就是一个当代很有名的例子，我已经引用过他的电影。在电影《安妮·霍尔》（Annie Hall）中，艾尔维·辛格是一个小学生，他因为抑郁而被带去看医生。回答询问时，他解释说,宇宙正在膨胀,如果宇宙正在膨胀,总有一天它就会爆炸。他妈妈补充说,因为认识到这一点,他不肯做作业了。对此,他问道:"这有什么意义呢?"

在《梦幻往事》(Stardust Memories)中,伍迪·艾伦所饰演的电影制作人感到心神不宁,他感到自己不想再制作滑稽电影了。在与合伙人谈话时他说:"喂,有人读过《时代周刊》的封面文章吗?这篇文章说,物质在朽坏。……宇宙在毁坏。……很快就什么都没有了。……贝多芬或者莎士比亚的作品也将不复存在。"这些宇宙事件暗含的意义使他深受影响。他的同事们都找借口躲开他,临走时祝他周末愉快。他应该去海滨度假,他还应该吃点镇静药。

在《汉娜姐妹》中,伍迪·艾伦饰演的迈奇担心自己患上癌症。医生报告出来后,他得知自己平安无事。庆祝了这个好消息之后,一个突然的意识让他当即决定辞职,开始哲学和宗教研究。他向一个同事解释自己的决定:"你是否意识到我们所有人都处在危急时分呢?"他像托尔斯泰那样思考死亡之必然后,接着问:"一切都那么没有意义,一切,你能否理解?我得找些答案。"他很快便开始寻求上帝。

那么,苦难、死亡、意义和上帝,这四者之间有哪些确切的联系呢?显然有一种联系,或者更准确地说,有一系列联系,把这四者连接在一起,不过确切地说出这个联系是什么并不容易。

当然,人类苦难之深重与意义的问题有关,因为这么多的苦难似乎根本没有一点意义——完全没有意义。但是为什么死亡的必然性经常促使人们怀疑人生是否有意义呢？到底是什么让人们提出上帝是否存在的问题呢？

归根结底，托尔斯泰和伍迪·艾伦扮演的众多角色提出的推理进路可以归纳为：

（1）这个世界上的一切都会结束。所以，

（2）我的生命也会结束。而且，

（3）我在这个世界上的生命的一切结果也会结束。故此，

（4）我的生命是没有意义的。而且，

（5）其他一切也同样没有意义。

但是，许多哲学家坚决反对这种推论，他们质疑现世的有限和无意义之间到底有何关联。假设没有死亡，假设人人都永远活在这个世界上，这会带来什么后果呢（除了令人难以置信的房地产繁荣之外）？人们是否会停止提出人生是否有意义的问题呢？当然不会。我们仍然会问为什么人会存在，还会进一步问这个没有终点的无限的生命有或可能有什么意义。在我们实际生活的这个世界上，知道死亡的必然，的确会让人提出有关人生意义的问题。但是，看上几千年的电视也会轻易达到同样的效果。

我们需要一种理解死亡和意义之间联系的方式，这种方式并不暗示说，如果没有死亡，意义便不会遭到质疑。我相信这样一种方式是存在的。唯有在思考意义的本质之

后,我们才能理解这一方式。这也会让我们更能明白人生的意义和上帝是否存在之间的联系。认识到这一点,也会帮助我们更加充分地理解帕斯卡尔关于基督教有神论的论述有多么重要。

首先是有关意义的一个概论,我们可以称之为**赋予论**(The Endowment Thesis)。

> 只有当一个或一组有目的的位格性动因赋予事物意义时,事物才具有意义。

似乎任何类型的意义都是这样的。人类语言为此提供了最简单也是最直接的例子。在任何一种人类语言中,没有哪个词汇的意义是这个词汇内在固有的特性。当人用英语表达出有意义的词句时,他使用的所有声音或符号在本质上都不具备任何意义,无论它们实际上表达了什么意义。甚至当一个单词的声音限制了我们可以用它来表达的意义时,例如拟声词,情况也是这样。词语所具有的意义,无论其意义(可以有许多意义)是什么,都是语言习惯,是语言的使用者一致赋予的。一个事物若要拥有任何类型的意义,就必须受到某种目的的统治——无论是要指涉、表达、传递,还是要提供某种公认的价值。这对于一切意义都成立。

由此得出,在"意义"这个词所具有的任何意义上,如果我的生命中有什么具有意义(或者**某个**意义),它必须是被赋予的意义,它必须**被给予**意义。意义从来都不是固有的;

意义总是派生的。这一点值得再三重复:意义从来都不是固有的;意义总是派生的。如果我的生命本身要具有意义(或者**某个**意义),它必须从某种有目的和意图的行为中得到意义。它必须被赋予意义。

很多哲学家怀着类似的思想,建议在回答有关人生意义的任何问题时采用我们称之为**自助的进路**(The Do-It-Yourself Approach)。根据这种进路,如其通常表述的,生命并不存在有待人去发现的"客观的"意义。从这一点来说,托尔斯泰的消极判断是正确的。但是,这种说法极其误导人,因为任何人的生命可以按照自己给予的意义具有某种程度的意义。这样一个人的生命就具有同样真实的"主观的"意义。只要我们围绕着自己想要、看重、享受的事物来安排生活,在我们为自己制定的目标框架内,我们就使这些生活活动有了意义,也就使它们构成的生命有了意义。这就是有关生命意义这个问题的答案——他们如此说。

但是这个答案够好吗?看起来,它足以阻止自杀论及其种族灭绝附录。如果人类行为在欲望、价值、享受和目标的范围之内具有意义,那么任何普通的人生都不会彻底缺乏意义。可以确认,所有普通人的行为都可以塞进一个目的性的框架之中。今天我的人生有多大意义,似乎至少在某种程度上是由我决定的。在房间里躺一天?还是神情恍惚地看一天电视?或者为了追求我的目标、我认可的价值观或我喜欢的娱乐而行动?这都由我决定。

但是这种自助的进路就是最终答案吗?它似乎表明意

义全然主观,只要生命中构建活动在进行,生命就有意义。这当然不是全部。一个人围绕琐屑的目标安排活动及其人生,与围绕重要且**有意义的**目标安排自己的人生,似乎同样可能。这种自助的进路如何解释这一差别呢? 看来它并不能解释。

　　我听说,所有关于人生意义的问题都有一个实际的解决之道:发现你擅长做的,尽自己所能做到最好,一生专注于这件事,你就会发现自己的意义。但是假设史密斯发现自己善于折磨人,他应该尽其所能折磨人吗? 他一生都应该专注于此吗? 当然不应该,那也太变态了。作为一个不能自拔的施虐者,史密斯不会成为任何人过有意义人生的榜样。同样,想象一下一个人一生围绕某个颜色、某个形状或火花收集团团转,我不是在说一个完全可以接受的爱好,而是在说主导人生的目标或者价值。人的生活可以怎样充分构建,这样一个人的生活就能怎样充分构建,这会使他的人生尽可能地有意义吗? 一个随叫随到将所有时间用来收集火花的人,与一个在急诊室工作的医生或在市中心学校工作的老师,他们人生的意义或意义的层次,没有差别吗? 你的生活目标是什么,你的价值观是什么,难道并不重要吗? 当然重要! 对于自助的进路而言,承认并解释这些"客观的"差异即便可能,也会异常困难。

　　如果把自助的进路作为对人生意义问题的唯一回应,我们就会遇到一个更大的问题,这个问题之所以会产生,是因为我们赋予事物意义的能力是有限的。我们可以称之为

控制论(The Control Thesis)：

> 我们只能将意义赋予那些可以有效控制的事物。

我现在不能决定明天中午所有法语单词都改变意义，我不能控制任何法语单词的意义。同样，我不能赋予地球另一边某个人的任何活动以意义，也不能赋予生活在另一个世纪的某个人的任何活动以意义。在任何类似情况下，我都缺乏必要的控制手段。很难说我们到底需要什么样的控制力，但是我想，有许多情形，我们可以认识到自己拥有控制力，但还有许多情形，我们显然没有控制力。有几种这类情形尤其与此相关。

首先，有关个人出生的某些事情是不可控的，如果不是在探讨哲学，就无需提说这种显而易见的事情。在进行哲学探讨时，仔细思考那些显而易见之事，以发现其表象之下出人意料之处，有时是很重要的。至于我提到的缺乏控制，所有人都丝毫不能控制自己出生的基本环境。我没有也不能选择自己出生的历史时期、年代、年份或者日期，我也不能控制自己出生的文化以及最初进入的社会关系。如果我1952年没有生在北卡罗来纳州一对慈爱父母的家里，成为他们的独生子，我现在会是什么样子？在我看来，我的家庭背景和出生地区在很大程度上塑造了今天的我。如果我出生在一个完全不同的文化背景中，讲一种不同的语言，这种语言浸透并促成了我在这个世界上的经历，那我现在又是什么样子呢？我的性情和思想可能与现在截然不同。这些我无法控制的个人出身细节对我的人生形态、人生方向、价值观以及喜欢的活动等明显产生了决定性的影响。

另外，想一想自己生活、成长、发育、成熟过程中的许多偶然和变迁，这些我也无法控制。我周围的邻居、所上的学校、在学校里遇见的人、偶然被人介绍认识后来成了我妻子的那位特别的女子、使我的孩子们成为独特个体的那些品质以及在大学和社区中与我相遇并充实我的人生的那些人——这一切我们要么绝对无法控制，要么控制程度微乎其微，可以忽略不计。然而，我生活中的这许多方面，在很大程度上影响了我在这个世界上的所是和所行。我怎么能赋予它们意义呢？

让我们考虑一下受苦的事实。我们都在受苦。我们能控制自己是否受苦吗？不能。我们在某种程度上能控制我们对环境做出反应的方式，还有我们让自己置身什么环境，在这个意义上，我们能够在一定程度上控制自己如何受苦，受多少苦，无论这种控制多么微小，或者可能有多大，实际上这种控制常常微不足道。对于苦难是否会临到我们这个基本问题，我们根本无法控制。

最后，还有死亡。这是我们缺乏控制的终极例子。通过选择冒险或者谨慎生活、通过自杀或者避免死亡、通过思想和行为方式，我们可以在某种程度上控制自己死亡的环境和时间，但是从来不能以任何积极的方式完全控制死亡，就连这样消极的控制也从来都不够。对于我们是否会死这种更为深奥的问题,我们绝对没有任何控制。宇宙无法改变的基本事实在严重限制我们对长寿的最美好期待。正如伍迪·艾伦所指出的,宇宙在膨胀,物质在朽坏,我们无法控制这些,也无法控制死亡。

这样,准确来说,哪些事物在我们的控制范围之外呢?坦率地说,就是出生、生命、受苦和死亡。如果这一切都在我们的控制范围之外,我们便没有必要的控制手段来确保我们的生命自始至终、彻彻底底是有意义的。我们可以在被给予我们的生存之海上建造意义的岛屿,但是我们没有一个人有能力给生命本身或者我们个体生命的整体赋予意义。似乎我们建造的一切都是用给予我们的材料建造的,而这一切显然都会被死亡带走——如果不仅是被我们个体微不足道的死亡带走,那么也会被宇宙的热寂(the heat death)带走。这是令自助的进路失败的极限。除非有别样的存在。

如果意义只是赋予之物,那么,要么生命或者任何个体生命从整体上说根本没有高级的、客观的和完整的意义,要么有某种有智慧、有目的的存在,对一切事物拥有充分的权力和控制力,能够建立起托尔斯泰、伍迪·艾伦和我以及我们很多人似乎渴望的无可言喻的终极意义。这就是为什么有关人生意义的问题会自然而然、不可避免地导向上帝存在的问题。这也是托尔斯泰寻求上帝的原因,也是伍迪·艾伦似乎被自己无法忽视的宗教问题如此困扰的原因。在很多电影里,他饰演的角色常常试图通过某种自助的进路解答生命的意义,以使自己满意,但是伍迪·艾伦自己似乎对这种进路的不足感到困扰,他仍然不得不去寻求上帝。

针对如果没有死亡,我们就不会追问生命的意义这个观点,死亡,或者说死亡的必然性本身都不会引发关于生命意义的问题。有许多信号表明我们没有充分的控制力,所以我们没有能力去满足我们对意义的所有需要,死亡只不过是其中最紧迫、最具有威慑力的信号。只有上帝,一位用新约圣经的话说,终将"使万事互相效力"的创造主,只有这种存在才能确保人类生命意义的完整和永恒。如托尔斯泰这个例子所示,当我们冲破消遣笼罩在我们生命中的迷雾时,有关人生意义的问题可能会成为我们面对的最紧迫的问题。这样的"冲破"会让任何人寻求理解,而理解人生意义的需要自然会让人去寻求上帝。上帝的存在因此绝不仅仅是一个理论问题,而是一个关乎个人的最重要的终极问题。

第 5 章　怀疑论、考证与美好的生命

有神论者相信神的存在。基督徒是有神论者,他们宣称上帝创造了我们人类,要我们享受与他永恒的爱与团契的关系,他还做了特殊的预备,让我们借着耶稣基督的生和死能够逐渐认识他。如果这些宣称是真的,那么它们肯定属于最重要的真理,且是我们可以认识的。但是,这里自然就会出现一个问题:如果存在一位上帝,死后会有永生,为什么无法证实呢? 为什么不能证明这些事,一次性地解决问题呢? 问题越重要,就越需要我们尽可能认真地决定我们的相关信念。对于琐碎的事物,我们可以依据其表象来行动和思考;对于意义重大的事物,我们就必须深究并且更为审慎地得出我们的观点。在 19 世纪,英国数学家克利福德(W. K. Clifford)写了一篇名为"信仰的伦理"(The Ethics of Belief)的文章,他在文中主张:

任何人在任何地方相信任何证据不够充分的事情,

都是错误的。

事情越重要,我们越应该严格要求证据的充分性,这很自然。如果上帝的存在和灵魂的不朽如此不同寻常、重要无比,我们岂不应该要求得到我们所能够想象的最无可置疑的证据吗?

事实上,数世纪以来,哲学家和神学家一直都在努力提供这样的证据。他们从所有思维正常、拥有理性的人都会接受的预设(观察或者想法)出发,试图建构能说服所有人的上帝存在和灵魂不朽的论证。这一努力——后来被称为**自然神学**——没有取得预期的成功,它没有说服所有理性的人。没有哪一个论证拥有这样的说服力。

可是这并不意味着赞成上帝存在的传统论证没有任何用处,它们只是没有令所有人信服而已。宇宙论主张,我们的宇宙由原本可能不会出现的各样物质组成,它的存在本身,或任何一个这样的宇宙的存在本身,需要一个解释,而唯一让人感到满意的解释就是假定上帝存在——这位上帝的存在是必要的。目的论——有时被称为"设计论证"——认为,宇宙是井然有序的,除非我们断定这是一位有智慧和大能的设计师的作品,否则这种秩序的性质和程度无法得到充分的解释。道德论认为,如果我们不承认有一位终极的拥有位格的实在,不承认他是万物的依靠、道德法的颁布者或者道德价值的终极来源,我们便无法解释道德责任和价值的客观性。本体论试图表明,单从上帝是最伟大的存在这一思想,就说明肯定有一位上帝存在。还有其他很多形而上学的证明——从自然界因果律的存在得出第一因(First Cause)的存在,从运动得出第一推动者(First Mover)的存在,从数学的客观性得出彩票中的神力的存在等。

所有这些论证都具有两个相关联的特征。要彻底解释清楚其中任何一个论证——列出所有隐含的假设,澄清所有推论的过程——推理都会极其复杂。而且,与此相关,每个论证都有某个特征、某个假设或步骤、某个节点,是可质疑的。谈及这些论证的形成过程时,帕斯卡尔写道:

> 上帝存在的形而上学证明如此远离人类的推理,又如此复杂,所以很难打动人;即使它们曾经帮助了一些人,也仅仅是在他们注目的那一瞬间而已,因为一小时过后,他们便又害怕自己错了。(190)

但是帕斯卡尔对此似乎没有任何困扰。他很少使用这些复杂的证明方法,也不会仅仅通过纯粹理性来解决宗教问题。在另一段中他说:

> 即使有人相信数字比例是非物质的、永恒的真理,依赖于称为上帝的第一真理而存在,我认为他也并没有在自己的得救之路上有所进展。(449)

尽管这个评论很机智,很有洞见,可是听上去确实有过于轻视这些论证之嫌。即便上帝存在的证据并不能确保灵魂得救，甚至也不能使我们在得救之路上走得更远，难道它不能给我们的心灵一点启迪吗？我们可能因为缺乏人皆信服的证据而受到困扰，我们也可能想知道为什么我们会苦于找不到此类证据。

我们马上会想到一些解释。我们所能提出的最重要的问题，就本质而言，都与我们的生命和周遭世界的绝大多数问题有关联。试图通过理性论证解决这样的问题，不可避免地会和其他无数事项纠缠在一起。最有说服力的推理通常都有相当简洁的思路，这有助于解释为什么政治辩论很容易蜕变为简短的口号交锋。反过来，复杂确实会滋生疑惑。或许，最重要的问题因为和其他许多问题广泛关联，都会不可避免地生发复杂的论证。而在复杂推理盘踞的领域，不能期待普遍的认同。

可能我们回应生命的方式会不可避免地影响到我们对终极问题的思考，可能我们的情感和态度会歪曲我们对世界的基本感知，以致我们不应该再期待所有理性的人会就终极问题达成一致意见，正如我们不应该期待他们都经历同样的情感或者持同样的态度。我们常常思考并讨论人类的理性，仿佛理性是我们用于发现真理的某种完全客观的力量，但是可能有关理性的真相并不是这样让人乐观。

理性只是我们在直接经验之外做出结论的能力，是我们拥有的整理、解释感官经验（我们的所见、所听、所触、所尝、所闻或以其他任何方式所感知）的能力。我们有时谈论理性,仿佛理性是一个用以发现真理的独立器官。但我们其实更应把理性看作一系列技巧和能力,在我们接触外部世界以及反省自身时,应对、处理我们接收的一切信息。

我们喜欢将人类的理性视为发现的通道、通往真理的方式、知识的源泉。我们都愿意被认为是理性的人;我们希望自己的行为和信念具有理性;我们更愿意用理性而非争吵来解决问题;现代思想诞生的历史时期常常被称为理性时代。许多现代思想的代言人竭力主张,至少从原则上讲,通过谨慎应用人类的理性或推理的过程,人类的每个问题都可以得到解决,或者每个有意义的问题都可以得到解答。在 19 世纪,自然科学和人类技术取得了很多令人震惊的进步,这就有力地见证了恰当应用理性产生的力量。

但是还存在一个古老的哲学传统,这个传统旨在让我们注意到理性同样真实的局限性,理解这一点也同样重要。这就是**怀疑主义**(skepticism)的传统。古典的怀疑论者及其遗留给我们的传统,有许多关于理性的限度和证明的本质的教导。我想,如果我们探究一下最初被称为"怀疑论者"的哲学家们想要完成什么,又到底做了什么,我们就可以更好地理解怀疑主义的洞见。为此我们最好考虑一下传统上任何一个哲学家的主要追求。

哲学(philosophy)的词源是"爱"(philo)和"智慧"(sophia)。智慧,简单地说,就是了解对于过好一生至关重要的真理。依此看来,我们认为是哲学家的古代希腊思想家,绝大多数是一些寻求人类如何能拥有美好、幸福一生的人。

任何人花足够的时间思考这个问题都会有一个重要的认识，我们的信念和欲望合谋，产生了我们绝大多数的行为和感觉。我是否在过美好的生活取决于我有什么行为，我是否在过幸福的生活取决于我有什么情感或者感受，这对我们所有人来说都是成立的。如果你认为当今的人想要真正幸福就需要拥有很多钱，你可能就想拥有很多钱。但是如果你认为自己现在并没有很多钱，你可能会感到沮丧、不幸福。同理，如果你希望得到成千上万人的爱戴，而你认为没有那么多人爱戴你，那么你可能会感到不满足、极其失望。但是我们不需要将这个问题放大到这种程度。

如果我相信某套衣服或者某件运动衫会使我的形象锦上添花，如果我相信某种红色敞篷跑车（比如说有着鞣皮内饰的阿尔法·罗密欧"蜘蛛"跑车——你知道我说的是什么车）会很好地确立我在世人眼中的形象，那么我内心深处一定会极其渴望拥有这些东西，我的行为也会如此表现。我可能反复去服装店试衣服，或者在汽车销售商那里逗留，最起码我会把那些彩色小册子带回家，花几个小时注视那些我梦想中的小汽车的美丽图片。这是过上美好生活的方式吗？

我可能尽量攒钱买这些东西，甚至不惜一些代价。但是，经验告诉我们，很可能穿这新衣服几个星期后，或者开着这辆新车在城里穿梭几个月后，我就会不情愿地意识到，这些东西根本不能兑现改变我生活的承诺。随即我会感到

些许空虚，或至少有些失望。但是如果从一开始我就认为
我不可能买得起这些东西，我就会闷闷不乐。无论如何，我
的幸福都打了折扣。

如果一个人相信为了实现自己的目的就可以说谎，那
么他便会说谎。有一点良善概念的人，都不会认为这种行
径是美好生活的一部分。如果一个人正好相反，认为谎言
永远都是错的，那么他可能希望避免任何欺骗行为。这样，
当他犯错，有意误导他人时，他就会认为这种行为违背了自
己的正直标准，于是他可能会感到很不快乐，感到自己很不
堪。不惜一切代价追逐事业目标、追寻诱人的事物、追求俊
男或靓女，就能过上美好而幸福的生活吗？

有些人认为人类的主要问题在于个人的不幸福。他们
说，不幸福是因为这个世界不能满足我们的欲望。他们进
一步解释说，解决这个矛盾，从根本上来说，可能有两种互
相对立的策略。策略之一：让世界顺应你的欲望。如果你
让世界成为你想要的样子，那么不幸福便没有了立足之地。
这可能是极致 A 型个性的人、好战的世界征服者所推崇的
方式。它不是一个非常合理的策略。

策略之二：让你的欲望顺应这个世界。这个世界不能
提供给你的，就不要去向往。这是一种务实的做法，可以消
除你的欲望和世界之间存在的鸿沟。如果在欲望和世界之
间没有这种鸿沟存在，不幸福便不会来拜访你。但是这里
还有一个小问题，要应用这一策略，仅仅不向往世界不能提
供给你的那些东西还是不够的。那听起来可能是一个非常

合理的建议,但即便如此,我们怎能决定**将来**世界会给我们提供什么呢? 为了以这种方式来消除世界和我的欲望之间的一切鸿沟,我必须停止向往**现在**世界没有给我的任何东西。换言之,只要我仅仅想要我现在拥有的,我就能拥有我想要的。

但是那还能留下什么欲望? 对已经拥有之物的欲望是什么欲望? 按照我们正在考察的避免不幸福的策略所要求的,我甚至不能希望保持自己现在所拥有的那些事物——健康的身体、美好的家庭、一只狗——因为这会让我的欲望超出世界**现在**给我的一切,进入“世界明天可能会给我什么”这一并不确定的领域,而这可能会让我陷入不幸福。但是,如果欲望只限于此刻,还能说我有任何欲望吗?

佛陀进一步发展了这个策略。如果错在我们的欲望,如果我们不幸福是因为有欲望,那么只有一种方法可以保证我们避免不幸福及其带来的痛苦,那就是**不再有任何欲望**。这是一个相当根本的解决办法,像外科手术一样,佛教建议这种办法是因为它认为人类的不幸福是一个相当根本的问题。

弃绝我们所有的欲望是否可能? 即使有可能,值得吗? (或者这应该被认为是一个不当的问题?)无论如何,这不可能是唯一的解决之道。

有些希腊哲学家很早以前就提出了一个敏锐的洞见:不幸福并非由我们的欲望和世界之间的差距所造成,而是由我们的欲望和我们**相信**世界如何之间的差距而来。如果我希望得到妻子的爱,而且她真的爱我,但是我却不相信,我就不会幸福。一旦意识到这一点,我们就有了解决问题的第三条道路。我们不必征服世界,亦无须扼杀自己所有的欲望。我们可以搁置我们对于世界的一切信念。停止相信即得自由!这可以作为某类怀疑论者的座右铭。古希腊怀疑论者最初的观点就是,如果我们从不相信世界之表象能可靠地指向世界之真相,那么我们便不会有失望的理由,因此我们也就永远不会有不幸福的原因。

这种怪论的深处隐藏着某种洞见。毕竟,我们对即将进行的看牙医过程所持的信念,比过程本身会让我们受更多的痛苦,这不是很常见吗?在这里,我是根据自己的经验讲的。几年前我让牙医拔掉了几颗智齿。拔牙这个手术的名称就足以让哲学家踌躇片刻,而且我有一个原则,如果没有非常充足的理由,绝不除掉身体的任何部分,所以我很担心。我想这可能很疼,我也想到致命的麻醉失误,虽然那几乎不可能也极其罕见(但是我们都听过那样的故事),这些想法折磨了我数日。相比之下,由于他们确实使用了镇痛剂,拔牙本身是一个**非常**愉快的经历,我随时都愿意再拔次牙,那是我在牙医那里最开心的一次经历。问题是我们的主观信念往往比外在客观世界的一切带给我们更多痛苦。因此,那些希腊怀疑论者质问,如果我们不相信自己受了伤害,还有什么会使我们受苦呢?停止相信,便停止了受苦。痛苦是一回事,而受苦是另一回事。

但是作为避免一切不幸福的宏伟策略,这比佛教的方

法更为激进。我们的信念通常比我们的欲望更为广大。搁
置我们的一切信念,有这个可能吗?即使可能,这样做理智
吗?在我看来,这就像过街时有辆大卡车向我冲过来,而我
那慢吞吞的走法肯定无法避开,那么我不应该确信我面临
迫在眉睫的危险吗?那可能是避免不幸福的方式,但听起
来也像是避免长寿的方式。

　　当然,有些古希腊怀疑论者从不留意自己走的路,以致
跌到沟里、撞到墙上什么的,为人所津津乐道。但是,在他
们那个时代,他们不全是搞笑人物。由于对显而易见的人
生灾难表现出英雄般的冷漠,他们通常为人所景仰。公元
前 4 世纪的哲学家皮浪(Pyrrho),他有时被认为是怀疑主义
之父,被他家乡埃里斯(Ellis)的人们授予大祭司的尊位。
为了进一步尊荣他,那个城市还正式宣布,从那时起对哲学
家免收各种赋税。这一宣告本应令他们所有人感到兴高采
烈,只是作为怀疑主义者,他们不能相信这是真的。

　　对后世思想影响深远的早期怀疑主义者是希腊内科医
生塞克斯都·恩披里克(Sextus Empiricus)。塞克斯都相
信,人们在思考任何主题时,应该有三个思考的阶段:(1)**反
提**(antithesis)——在这个阶段,争议的双方互相探究、彼此
理解,将对立的观点对照呈现;(2)**判断搁置**(suspension of
judgement),在这个阶段,考虑彼此对立的观点之后,一个人
不作出自己的判断,也不持有自己的信念,不倾向任何一
方;(3)**平和**(ataraxia),这是最终的理想境界,镇定平静而
淡漠,这是不让个人信念与任何议题的任何方面纠缠应该

产生的结果。我说塞克斯都**相信**这个理论,但是这样说并不恰当。按照他自己的建议,他应该对这一切也不做判断。但是,这就是他的建议,就我们对他的认识而言,这个建议似乎控制了他的实践。当被问及一个智者在获得平和或什么都不信的平静境界后应该如何生活时,塞克斯都进一步建议我们应该按照表象来生活(但是,绝不要认为这些就是真实本身),对我们可以感觉到的身体需要作出回应,并遵守当地的法律。在任何方面,一个智者都应该避免张力和冲突。

到了 17 世纪帕斯卡尔的时代,怀疑主义再度盛行。这是由先前世纪的诸多发展带来的。例如 16 世纪上半期,文艺复兴期间伟大的哲学家之一阿格里帕(Henrickus Cornelius Agrippa Von Nettlesheim)就做过这方面的工作(他不是一个特别了不起的哲学家,不过是一个了不起的名字而已。这个时期,我个人更喜欢皮得罗·庞波纳齐[Pietro Pomponazzi]、皮科·德拉·米兰多拉[Pico della Mirandola]和彼得罗·本波[Pietro Bembo])。经过漫长的研究和反思,阿格里帕得出结论说,人类的一切智慧缥缈不定,只是虚空而已。他也名列在那些首先指出"哲学家凡事都有分歧"的伟大思想家之中。16 世纪后半叶,著名学者弗朗西斯科·桑切斯(Francesco Sánchez)在对人类知识范围和真理认知能力进行艰辛探索之后,得出了令人震惊的结论:"一切皆不可知"(Nothing is known)。

塞克斯都的作品由希腊文翻译过来,影响了欧洲的知识分子。改造怀疑论及其论证步骤最有力的人物是伟大的法国散文家蒙田(Michel de Montaigne),他的作品是这个世纪的巅峰之作。蒙田拥有巨大的影响力,对帕斯卡尔产生了深远的影响。从蒙田那里,帕斯卡尔开始欣赏怀疑论质疑问题的力量和魅力,然而帕斯卡尔并没有接受怀疑论避免不幸福的策略。别忘了佛教主张欲望是我们一切烦恼的源头,按照怀疑论,拥有信念才是问题所在。帕斯卡尔代表的基督教观点认为,导致不幸福的并非欲望和信念,而是对于怎样过好一生的**错误**信念和**没有节制的**欲望,它们剥夺了我们的真幸福。解决之道不在于去除一切欲望或者信念,这就好比倒洗澡水一并把婴儿倒掉一样。解决之道在于拥有真正的智慧,将错误的信念连根拔起,代之以真正的洞见和观察,并且随之能够在某种程度上控制自己的欲望。过一个美好而幸福的人生,必须知道"何为美好"的重要真理,并且拥有符合这些真理的欲望。当避免不幸福的要求遮蔽或混淆了对真幸福和美好人生的需要,必然会产生不当且极端的生活策略。错误的诊断差不多总会导致错误的疗法。如果我们的目标是拥有真正幸福、美好的人生,我们就需要可靠的信念来导航,如热追踪导弹一样,我们需要精确的价值追踪的欲望来确定我们的弹道。

所以帕斯卡尔并没有采取怀疑论作为我们通常所谓的"生活哲学",但是他认为从古代怀疑论的最深刻探究中,可以获得对人类处境的重要认识。这些认识在我们试图处理有关生命的最艰深问题时,可以帮助我们明确自己的方位,做出必需的合理判断。

我们使用的"怀疑论者"（skeptic）一词，其希腊词根的字面意思是"质问"（to inquire）。在最严格的词源学意义上，怀疑论者仅仅是彻底的、执着的质问者或提问者。怀疑论者就我们最普遍、最基本的信念提出追根究底的问题——我们吃惊地发现自己无法回答的问题。我们无力回答怀疑论者的提问甚至使我们感到困惑或者沮丧，直到我们充分理解从这一最深刻的探究中可以学到什么。

我们主要通过感觉经验与周围世界发生联系，但是我们怎么知道自己什么时候可以相信这些感觉呢？古代怀疑论者引以为荣的就是描述感觉欺骗我们的方式，及其产生的关于周围世界的不可靠信息。疾病，或者任何其他形式的身体异常，都可以歪曲我们感知世界的方式。食物的味道就是最清楚的事例之一。拥有什么样的身体条件才可以精确无误地感知？我们如何确定自己现在，或者其他时候，拥有这样的身体条件呢？因为任何此类判断本身也可能是被误导的感觉的产物——如果那口井被污染了，井里的水就不会好。

我们每个人都是从一个有限的视角感受这个世界，我们如何可以确认我们拥有的独特视角不会导致失真呢？即使通过感官到达我们这里的数据或者信息本身正确无误，我们怎么知道这些东西足够完整，大体上能够可靠地反映感知对象呢？古人喜欢指出，许多动物似乎可以通过更敏锐的嗅觉、听觉和视觉来获取信息。如我们现在所认识到的,我们的感觉器官相当不完善。小小的蝙蝠拥有回声定位的能力,我们则完全没有。可能还有其他形式的感觉能力,甚至我们的宇宙中可能有别的生物拥有这些能力,而我们却没有任何概念。如最近一些专家所指出的,整个物质世界可以视为由信息的振动波组成,问题是自然界在所有的波段进行广播,短波、调幅和调频,而我们只有小小的接收器,只能收到一个频率的信息。

　　理性,就是我们对于感知数据进行解释和推理的过程,又怎么样呢? 重病可以使我们失去思考的能力,甚至一件分心的小事也能使我们推理失常。帕斯卡尔讥讽傲慢、自信的理性人士说:

　　　　这位主宰世界的审判官,他的精神也不是丝毫不受附近发出的任何最微小的噪音所干扰的。并不需要大炮的轰鸣来妨碍他思考,一个风向标或一个滑轮的声响就够了。假如他此刻的推理并不那么可靠,你也不必惊讶,有一只苍蝇正在他的耳边飞舞哼叫呢,这就足以使他不能提出好建议了。(48)

他又想象一位因其敏锐的判断和明智的反应而受人尊敬的先生:

　　　　你会认为这位年高德劲的长官是被一种纯粹而卓越的理性所支配的吗? 他根据事物真正之所是作出判

断,不留意无关紧要的环境——那些只能伤害弱者的想象力的环境吗? 你看他怀着虔诚的热情去听道,他那宽容的爱加强了他的判断力,他带着堪为楷模的敬意准备听道。假设传道人出场了,上苍赋予他粗哑的嗓音和古怪的面容,他的理发师也没有把他的头发和胡子刮得很像样,他恰好也不是特别整洁,那么无论他宣讲怎样伟大的真理,我敢打赌我们的长官无法做到不动声色。(44)

许多偏见可以混乱我们理性的功能。正如每个校对或者编辑所知道的,我们常常只会看到我们期待看到的一切。教育能够纠正我们的偏见,也能够灌输给我们新的偏见。破坏理性最强大的力量之一就是想象。帕斯卡尔甚至称其为人生中的"官能之王"。

谁来分配名誉呢? 谁让我们敬重个人、工作、法律和伟大的东西呢? 除了想象,还能有谁呢? (44)

他主张,作为官能之王,我们的想象是谬误的最大来源,我们必须对付它。

我不是在说愚人,我是在说最聪明的人,正是在他们中间,想象最能说服人。理性可能徒然抗议,但却不能确定事物的价值。(44)

阿尔伯特·爱因斯坦曾经主张"想象比知识更重要"。想象拥有强大的为善的能力,相应地,它也拥有强大的欺骗能力。事实上,这看起来不过是另一个例子,证明了我们栖居的这个世界的一个惊人的普遍真理,这个真理可以简单地表达为**双刃剑原理**(The Double Power Principle):"任何事物,其为善的能力越大,为恶的能力也越大。"这样的例子很多,常见的一个例子是核能,以及与之相联的核医疗与核弹头的对比。考虑一下工业化这个更为基本的例子。工业化过程中,技术突飞猛进,带来了诸多益处,随之也出现了社会的堕落和环境的恶化,而我们才刚刚认识到这些方面。另外一个更为根本的事例,就是人类欲望。没有欲望,便不会有文明,也不会有文化,可能也不会有人类这一物种的存在。但是想一想,在欲望取得辉煌成就的同时,历史上多少灾祸是失控的过度欲望直接或间接带来的。想象是这些强大的力量之一,没有其他力量能像它那样推动理性的运作并使其聚焦。它既可以发挥巨大的价值,但也有可能成为最深沉、最阴暗的谬误之源。"把世界上最伟大的哲学家放在一块超出他所需大小的木板上,"帕斯卡尔说,"如果下面是一个悬崖,虽然理性可以说服他自己是安全的,但他的想象必然占上风。"帕斯卡尔补充说:"很多人只是想一下这种处境就浑身冒汗、面如土色。"(44)

我们怎么知道自己什么时候没有受到这些破坏理性的歪曲力量的影响呢?我们怎么**能够**知道自己什么时候不受

影响呢？甚至更大的问题是：我们怎么能够知道自己**可以**不受影响呢？

最后一个问题把我们带到了怀疑论式质疑所能提出的最大挑战的核心。正是这个挑战会使我们比较深刻地认识到知识的本质和人类理性的局限，这个认识很重要。

我们从许多途径形成关于世界的信念：直接从感官经验，从其他人的见证，从记忆，也从理性的各种推理过程，它们处理感官经验、见证和记忆给予我们的一切。让我们把这一切称为我们的**信念形成过程**。终极的怀疑问题现在可以相当简明地陈述为：我们如何知道我们的信念形成过程的**任何**部分是不是**总是**可靠？如果我们思考这个问题，很快就会惊讶地意识到：我们依赖信念形成过程的所有部分，我们都相信这些过程有时是可靠的，任何要证明前者合理性的尝试，任何要支持后者的论证或证据整理，本身必然需要我们对于这些过程（记忆、推理等）的依赖，因此就需要我们假设那要求我们证明的已经是真理。

例如，我怎么知道人类的任何感觉经验都是可靠的？要证明任何感觉经验是真实的，只有一种方法，便是依靠其他感觉经验提供的信息。假如我这样回答怀疑论者："看，像这样的事，我已经遇到很多次：我正在漫步，认为自己看到路边有一枚硬币。我停下来，再看一次，发现自己是对的，是一枚硬币。然后我弯腰，捡起硬币，越发仔细地查看这枚硬币。是的，没错，**是一枚硬币**。我的第一视觉经验，那起初的一瞥，被证明是正确的。在这件事上，以及成千上万的其他事件中,我发现我的感觉经验是可靠的。所以以充足的证据为基础,我知道人类的感觉经验有时是可靠的。"如果试图这样来回答怀疑论者提出的问题,我会陷入逻辑学家所谓的"循环论证"中——我提供的用以证明感觉经验可靠的证据,已经预先假定它要去论证支持的信念就是真理,因此这样的"证据"是有缺陷的,根本不是好的证据。

在一则令大多数读者感到高深莫测的非常简短的笔记中,帕斯卡尔写道:

所有理性的运用都需要记忆。(651)

就是这样。除非我们能够信任我们的记忆,否则我们根本无法推理。在任何推理中,我们必须记得我们得出结论的前提。但是我们怎么知道人类的记忆**总是**可靠呢?再者,如果花足够的时间足够努力地思考这个问题,我们就会发现,证明人类的记忆**总是**可靠从来都是一个循环论证。我们不仅不能**证明**这个所有理智且理性的人都相信的信念——如果想要证明其他任何信念,就必须相信它,而且不能为这个关键的基本信念提供任何没有缺陷的证据。多么令人诧异的认识啊!

笛卡尔是比帕斯卡尔年长的同时代人,他因提出这个怀疑论问题而闻名:"我怎么知道我现在不是在梦中呢?"我相信我现在不是在做梦,我想我知道我不是在做梦,但是当我试图证实这一点时,我就束手无策了。在我们这个世纪,伯特兰·罗素曾经质问我们如何知道下面这个假设是错误的:"五分钟之前整个宇宙突然出现,它当时就是这个样子,具有岁月的一切沧桑。"我们都相信这个假设是错误的,我们认为很多事物发生于不止五分钟之前,关于这些事物的所有观念都以这个假设的错误为前提,然而我们还是不能证明它是错误的,也不能提出一条有力的证据来反驳它。

深刻的怀疑论的质疑揭示出,我们所有信念(beliefs)的根基是不计其数的确信(convictions),关于这些确信我们没有任何理论上的明证,亦没有任何有力的独立证据。以下仅试举几例:

(1)人类的信念形成过程有时是可靠的。

(2)感觉经验有时是可靠的。

(3)记忆有时是可靠的。

(4)世界存在超过了五分钟。

(5)存在一个客观的世界。

这些就是所有理性的人都相信的观点,并且是没有任何证据的相信。这些观点并没有"充足的证据",然而它们非常重要,是"架构性的确信"(framework convictions)。它们提供了确信框架,是为其他不那么根本的观点收集各种证据所必需的。这些基本观点是理性自身无法保证也无法证明的根本假设。

帕斯卡尔说：

> 理性最后一步就是要承认：有无限多的事物是超越
> 理性的。如果理性意识不到这一点，它就只能是脆
> 弱的。
> 如果自然界的事物尚且超越理性，对于超自然的事
> 物，我们又能说什么呢？(188)

他还补充说：

> 这种对理性的否定，最合乎理性。(182)

因此，W. K. 克利福德要求我们所信的一切都要有证据，这
是一种无法满足的要求。拥有某些信念是合理的，甚至有
些信念虽然没有任何理性的支持，但不相信它们是不合
理的。

克利福德以及像他那样的哲学家们相信真理与证据携
手并进，帕斯卡尔不会让我们认同他们。但是帕斯卡尔不
是一个非理性主义者(irrationalist)。他写道：

> 有两种过分的行为：摒弃理性，或者独尊理性。
> (183)

在另一处，他简练地说：

顺服和运用理性,正是这二者造就了真正的基督教。(167)

就这个主题,他还详细阐述道:

> **顺服**。一个人必须懂得何时应该疑惑,何时应该肯定,何时应该顺服。不这样做的人,是不理解理性的力量。有些人与这三项原则背道而驰,要么因为他们对证据一无所知而认定一切都可以证明,要么因为他们不知道何时应该顺服所以怀疑一切,要么因为他们不知道何时需要作出判断所以总是顺服。(170)

那些我们应该顺服的观点,帕斯卡尔将其中大部分称为"首要原理"。如果不可能有令人信服的证据来证明首要原理是真理,如果没有"充足的证据"向我们表明它们是真实的,那我们该怎样相信它们呢?

帕斯卡尔在一则笔记中写道:

> **本能,理性**。我们没有能力证明任何事物,这是再多的教条主义也不能克服的。
>
> 我们有一种真理的观念,这是再多的怀疑主义也不能征服的。(406)

我们对真理的看法是**本能**和**直觉**所赋予的,这是赐予我们的,首要原理是赐予我们的。我们在某个存在的层面领受它们,这一层面先于并深于理性的运行。帕斯卡尔称我们存在的这一核心为"心灵"(the heart):

> 我们认识真理的途径不仅有理性,而且有心灵。我们认识首要原理的途径正是心灵,而和它毫不相干的理性徒劳地试图否认这些首要原理的真实,那也是怀疑论者唯一的目的,然而他们的努力毫无成效。我们知道自己不是在做梦,但是,不论我们在理性证明这一点上多么无能,我们的无能证明的只是理性的弱点,而不是如他们所说我们所有的知识都不确定……
>
> 因此,我们理性的无能只能用于使喜欢判断一切的理性降卑,却不能驳斥我们的确信,仿佛我们唯有通过理性才能学习似的!(110)

有一些通往真理的隐深通道是人类可以使用的。但是,在这些通道里,并不是所有的基要真理永远都能畅通无阻,我们所需的基要真理并不会全部来到我们这里。有时本能和直觉的通道,即我们心灵的能力,受到阻断。对于一些终极问题,理性可能无法提供答案,本能也可能令人困惑地缄默。我们可能必须采取措施去找到真理,这不像寻找一个论点或者单纯考虑证据那样简单。当谈及生命最本质的问题时,重要的就不只是理性了。那么还有什么呢?为了明白这一点,让我们关注最终极的哲学和宗教话题。

第 6 章　隐藏的至高者

　　当我还是一个毛头小伙子的时候，我曾经听陌生人谈论他们的问题：对世界不公正的深深激愤，罪恶与绝望的伤心故事，对生与死的困惑质疑。好奇、悲痛、恼怒和仇恨。我当时在北卡罗来纳大学的教堂山分校（Chapel Hill）读书，大一结束后的那年暑假，我和三十多人一起住在南卡罗来纳州美特尔海滩（Myrtle Beach）边的一套房子里，两个人共用一张床，十六个人共用一个浴室，蟑螂不算在内。白天，我们在海滨接近各种人，谈论上帝、生命、罪和救赎。在他们铺开浴巾、涂抹护肤液、伸展四肢、享用午餐时，我们和他们分享福音。我们提出一些问题，并努力回答更多的问题。接近一个陌生人，在他更愿意阅读、游泳或者晒太阳的时候，和他探讨宗教信仰。我很不喜欢这样做，不过我还是这样做了。一旦对话开始，我就会学到东西。我总是听到同样或类似的问题，一个很难回答的问题："如果有一位上帝，那么他**为什么**要这样**隐藏**自己呢？""如果我们有一位如此眷顾我们的造物主,他为什么不**显明**自己呢?""为什么一切好像在猜谜语呢?""为什么答案不能更**清楚**一些?""这种隐秘怎么可能**合理**呢?"

英国哲学家安东尼·欧黑尔(Anthony O'Hear)最近出了一本书,《经验、解释与信仰》(*Experience,Explanation and Faith*),他在这本书里提出,信仰上帝的传统面临一个严峻的问题:理性难以接受其合理性。在该书后面的一个段落中,他列出了自己认为的主要难题,欧黑尔说:

> 整个问题的一个令人震惊而且很少有人强调的方面,就是上帝未能在世界彰显自己。

宗教评论家常常说这样的话:"如果**我**是上帝,我就打开纽约上方的天空,用最炫目的方式向世界展示和宣告我确确实实存在——不用再猜了。"我本人就听很多人这么说过,而且说得理直气壮,怒气冲冲。

当然,许多时候,如果这些人是市长,对于本市最紧迫的问题,他们会感到束手无策。或者如果他们是州长,对于本州面临的最大难题,他们会感到束手无策。如果他们是总统,被问及具体如何解决国家最严重的危机时,他们可能非常迟疑。但是如果他们是上帝,对如何解决宇宙最棘手的宗教问题,他们却毫不迟疑地放胆作答。然而,这种具有讽刺意味的对比,可能仅仅是一种表象。因为宗教问题可能是明确简单的,而与其类比的较低层次的事物不具有这种特征。

如果存在一位上帝,并且他是完全的善,是万物的慈爱创造者,那么似乎理所当然地,他应当愿意让一切有意识的受造物都感到满足,都繁荣昌盛。如果像有神论者通常宣称的那样,我们人类受造是为了活在与上帝的永恒相交之中,那么似乎这样一位造物主必定会做所有必要之事,不让我们人类怀疑他的存在。让我们置身于,或者说容许我们停留在一个暧昧不明的宗教环境中,似乎不像是上帝的慈爱作为。相反,我们会期待这样一位上帝尽可能消除那最令人苦恼的疑惑,即宗教人士称为"上帝的隐藏"的状态所导致的疑惑。换言之,我们很容易认为,如果我们处在这样一位造物主的位置上,就会行一切必要之事,包括在纽约上空放烟火来打消世界的疑虑,向所有理性的受造物彰显有关实在的终极真理。

这是一种很有说服力的思路,确实提出了宗教信仰面临的一个紧迫问题,许多世代以来,敏感的宗教人士都感受到了它的存在。例如 12 世纪基督教神学家圣安瑟伦(St. Anselm),很多哲学家视他为神学必胜主义(triumphalism)的最佳范例,他也是宣称上帝存在具有逻辑确定性的宗教思想家。在他的作品《证据》(*Proslogion*)的开篇,我们发现了下面的这段哀歌:

> 主啊,如果您不在这里,您缺席了,我可在哪里寻找您呢?但是,如果您无所不在,为什么我不能看见您的

存在？是的，您住在不可靠近的光中。但是，不可靠近
的光在哪里呢？或者，我怎么才能来到这光中呢？谁
能将我领到光那里？谁能带我进入光中，好使我在那
里见到您呢？还有，我寻找您，凭什么认出您，您有什
么形体吗？噢，主啊，我的上帝，我从未见过您，我不认
得您的形体。噢，至高的主啊，这个流放在外的远离您
的人又能做什么呢？您的仆人爱慕您，心中焦虑，却遭
驱逐，远离您的容面。他盼望见到您，您的容面却那么
遥远。他渴望来到您面前，却无法进入您的居所。他
渴盼找到您，却不认得您的处所。他寻求您，却认不出
您的容面。主啊，您是我的上帝，您是我的主，我从未
见到您。是您把我造在母腹之中，又是您更新我的生
命，还是您赐予我各样的祝福，然而我却不认识您。最
后，虽然我受造是为了见到您，迄今我仍未见到您，未
达到我受造的目标。

稍后，在谈到上帝时，安瑟伦说：

　　他为什么把我们关起来，不让我们得见光，并以黑
暗遮盖我们呢？……离开本土，流落异乡；离开上帝的
异象，进入如今的蒙昧；离开不朽之喜乐，落入死亡的
悲苦和惊恐。大恶取代大善，多么悲惨的交换！多么
沉重的损失！多么沉痛的悲哀！多么不堪的命运！

在同一篇文章中,还有许多有关上帝隐藏性的段落,同样带着苦闷、懊恼和困惑的语气。甚至在圣经里也可以找到这样的哀歌。《诗篇》22篇就以痛苦的呼唤开始:

> 我的上帝,我的上帝! 为什么离弃我? ……我白日呼求,你不应允。(诗22:1—2)

《诗篇》88篇补充说:

> 耶和华啊,我呼求你。我早晨的祷告要达到你面前。耶和华啊,你为何丢弃我? 为何掩面不顾我?(诗88:13—14)

从圣经书卷,到西方传统中许多伟大的神秘主义作品,直到现在,上帝的隐藏性一直以来都是最敏锐和最诚实的宗教作品不能忽略的主题。

人们似乎普遍认为,恶的问题是宗教信仰最难理解的问题。一位慈悲、仁爱、全能的上帝怎能容忍他的受造物遭受如此痛苦与患难呢? 对有神论者而言,上帝的隐藏性这个问题,即使不是一个更严重的问题,至少也是一个同样严重的问题。当然,这两个问题之间有紧密的关联。上帝隐藏性的问题可以视为恶的问题的缩减版:一位良善的上帝竟剥夺了我们对他的认识——令诗人和圣徒们哀叹不已,让我们经受如此大恶之苦,有什么可以证明这是合理的呢?

我们缺乏对神性的清楚看见,这可以视为不过是又一种形式的令人广受其害的恶,也是人们攻击有神论的可信度时引据的又一个理由。另一方面,我认为也是更深刻的方面,恶的问题可以视为上帝隐藏性问题的从属性问题。世界上的一切苦难所带来的宗教问题是:它将犹太-基督教传统宣称的那位慈悲、仁爱的上帝隐藏了起来,令我们无法看到他的存在。正如很多哲学家已经认识到的,罪恶问题本身只能用于论证出这样的结论:如果有一位有位格的造物主和世界的维护者,那么他是恶的,至少,用伍迪·艾伦的话来说,他是"一个差等生"。上帝隐藏性的整体问题则可以更为直接地用来支持无神论,否定任何有位格的上帝及世界维护者的存在。这显然是一个问题。

常常有人试图从宗教的角度解释上帝的隐藏,但又仅仅诉诸上帝本质的某些方面。我不会追溯这类尝试的历史渊源,只想列出此类策略的几个著名版本的要点。

这类策略的一个版本诉诸上帝**无形体**(incorporeality)的特征。传统上认为,上帝不是一种物质的存在。从这个角度出发,上帝的隐藏性是出于这样一个事实:上帝并不在我们可感知的范围之内。之所以如此,是因为上帝既无身体,亦无形体,因此不是感官可以感知得到的存在。从这个观点来看,对于上帝的隐藏性感到诧异或者沮丧,就表明从根本上误解了上帝之所是。

这类策略的第二个版本与第一个相当类似,但没有诉诸上帝的无形体特征,而主要是有关上帝**超然性**(transcendence）的一系列宣告。这个版本说，上帝当然超越世界。上帝的存在超越、不同于世界或者世界任何事物的存在。上帝是全然的他者，所以他的存在绝不属于这个世界。上帝属于不同的存在秩序或等级，所以在日常事务中，当我们在这个世界的现实层面生活时，上帝向我们通常是隐藏的，对此我们不应该感到困惑。

有趣的是，第三个相关的策略与前两者迥然不同，其立场甚至与它们颇有张力。它诉诸上帝无所不在（omnipresence）的属性——以一种很特别的方式来理解的无所不在。这一解决方案一开始就指出，任何事物若成为能够识别的对象，或者被感知、辨识的对象，它必须有一个被限定的呈现，可以在某种永恒背景中从空间上或时间上标示出来。没有空白，就无法呈现。一个实体的存在如果能被感知，就必须有边界或者范围。如果它的存在要为人可见，就必须有它所在之处，也必须有它不在之处。既然上帝无所不在，遍布所有实在，并且是无限的，那么就没有神性的边界让人可以感知、辨识。看起来上帝完全不存在，这仅仅是一个假象，是他包罗万象的存在所造成的。

无可否认，这三种主张都非常有趣，但是在解决上帝隐藏性的问题上，它们都无法反驳一个关键的反对意见。无论上帝是否没有形体、是否超越、是否无所不在，无论上帝多么没有形体、多么超越、多么无所不在，传统上他被认为是大能的肇始者，是一个有目的、有意图、有力量甚至有神圣愿望的位格存在，是行为的发起者。他的其他任何属性都不能解释：他为何没有在世界上采取更果断、更惊人的**行动**来除去世界的疑惑。他独特的存在方式无法阻止一个问题：上帝是否真的是一位大有能力、可以采取非凡行动的肇始者？而这是犹太-基督教传统的一个核心信念，作为有神论的组成部分，是不容商榷的。因此，任何对上帝属性其他方面的诉求，都不足以回答上帝为何隐藏的问题。这不是一个关于上帝本质的问题，而是一个他为何如此行动，或为何不行动的问题。

在 18 世纪苏格兰哲学家大卫·休谟（David Hume）的《自然宗教对话录》（*Diadogues concerning Natural Religion*）一书中，虚构的人物克利安提斯（Cleanthes）说：

> 因此，假设听到云端之上有一个清晰无误的声音说话，声音之洪亮、优美非人类艺术造诣所及；假设这个声音同时散布到列国列邦，以列国列邦的语言和方言向他们说话；假设这些话语不仅拥有确切的含义和意义，而且传达了某些劝诫，是配得上超越人类的慈爱存在的——你还可能犹豫片刻来思想这声音的来源吗？你岂不立时认出这是有目的、有计划的吗？

休谟笔下的克利安提斯想象，一个足够惊人的事件可以说服我们，其源头在一位上帝。伍迪·艾伦在《无翎》（*Without Feathers*）一书的一篇短文中，复述了圣经中亚伯拉罕和以撒的故事。在故事中，亚伯拉罕告诉他的妻子撒拉，上帝吩

咐他把他们的独生子以撒献祭。撒拉质问亚伯拉罕他怎么知道自己听到的是**上帝**的声音,亚伯拉罕回答说:

> 我知道那就是上帝。那是隆隆回荡的声音,音调很和谐,旷野中无人可以发出那样的声音。

数十年前,一位耶鲁的哲学家汉森(Norwood Russell Hanson)曾经写过一篇文章,叫作"我不信什么"。在文章中,他表示,在他看来,相信上帝的存在是没有理由的。汉森认为,传统上证明上帝存在的论证并不能说服他,他认为没有充分的证据支持有神论。但是他宣称,就这个问题,他也不会固执己见。他说,如果面对合适的证据,他愿意改变自己的想法,接着,他还详细说明了什么样的证据可以说服他:

> 假设……在下个星期二的早晨,恰好早餐过后,震耳欲聋的霹雳声使生活在这个世界上的所有人跪在地上。雪花飞舞,树木凋零,地动山摇,房倒楼塌,天空闪耀着诡异的银光。就在此刻,当这个世界上所有的人正举目观看时,天开了——云彩被撕开——一个极其巨大、光芒四射、像宙斯一样的形象展现在众人眼前,他耸立在我们之上,就像一百个珠穆朗玛峰那么高。当闪电扫过他那米开朗基罗式的面容时,他紧锁眉峰。接着,他指着下面——**指着我!**——用每个男人、女人

和孩子都可以听到的声音大声说："我受够了你自作聪明、充满诡辩、咬文嚼字的神学。听着，汉森，我的的确确存在。"

在这段文字中，汉森显然是在开玩笑，但是他接着说：

> 请不要把这个例子仅仅看作一个开玩笑的、无礼的、迪士尼式的设想而不屑一顾。这里的概念是，**如果**这样一件惊世骇俗的事件发生，**我**便当然应该相信上帝确实存在。

安东尼·欧黑尔在评论上帝显灵这种戏剧化的想象时，说道：

> 这的确是一个棘手的问题，如果有上帝，为什么没有这种事情发生呢？为什么信众宣称的那些神迹要么隐匿在朦胧可疑的过去，要么并非明确无误、有悖常规的神奇医治呢？

这是上帝隐藏性遭遇的挑战：为什么上帝不以这种方式行事，向他的所有理性受造物解释清楚这个世界呢？如果真的存在一位上帝，他不会这么做吗？反言之，上帝没有极富戏剧性、果断地显明自己是神这一事实，不正好说明了有神论者宣称的上帝并不存在吗？这是问题之所在。

在某种意义上,上帝是隐藏的,有神论者无法合理地否认这一点。事实上,许多有神论者一直以来都认为,一开始便表明上帝的隐藏性很重要。在《思想录》中,我们发现帕斯卡尔解释道:

> 世上眼见的一切既没有表明上帝全然缺席,亦没有表明上帝显然存在,而是表明有一位隐藏的上帝。所有事物都打上了这一印记。(449)

他还说:

> 由于上帝如此隐藏,任何宗教若不宣称上帝是隐藏的,便不是真的,任何宗教若不对此作出解释,便无教益。(242)

这并不是有神论者需要隐瞒的某种东西,而是宗教教诲恰当而重要的课题。帕斯卡尔如是说。

但是有许多评论家认为,有神论者无法像帕斯卡尔那样镇定自若地接受这一论点。事实上,有些评论家似乎认为,有神论就上帝的隐藏性作出理性的解释,原则上并不可能。汉森本人就是其中的一员。他相信,我们评估任何有关存在的主张,有一个普遍的原则:如果没有充分的、众所周知的证据来支持该主张,或者该主张的真理缺乏其他显在的表现形式,我们就应该相信该主张是错的。如果有人称在我的办公室里有一条大蛇,我仔细查看周围,没有看到这样一位不速之客的任何迹象,我就应该否定这种说法,判断这种说法有误。同理,这也适用于上帝存在的宣称。汉森认为,如果没有明显迹象表明有这样一位存在者,我们就应该否定它,我们应该是无神论者。所以,宣称有一位隐藏的上帝存在,并试图对这种隐藏性做出解释,在汉森看来,就是忘记了这项重要原则的本质。

但是汉森完全错了。到底是什么让我可以合理地否定我的办公室有一条蛇呢?只是因为没有看到蛇的踪影吗?在我环顾四周之前,我大概不会看到任何蛇的踪影,但是在我环顾四周之前,我并没有资格基于我还没有看到一条蛇就做出否定判断。**一旦**我仔细环顾四周,**还是**没有看到什么迹象,我才有充分的理由否定这种说法。当我在办公室彻底搜寻后,我就处于做出判断时哲学上所谓"良好的认识立场"(good epistemic position, epistemic 源于希腊语 *episteme*,意思是"知识")。在这样的立场上,如果这个主张是真实的,那么我很可能会拥有证明它真实性的证据。如果我有充分的理由相信自己拥有良好的认识立场,可以判断一个有关存在的主张,而且**在这个立场上**我仍然缺乏足够证据,或缺乏这一主张是真理的其他表现,**那么**我否认这种主张,在理性上就是合理的。如果我确信我的认识立场就上述有关存在的主张而言已达到最佳状态,那么我甚至可能从理性上不得不否定这个主张。

这一切意味着什么呢?汉森无视所有这些重要的先决

条件。除非我们所有人都**确信**自己处在判断上帝是否存在的最佳认识立场,并且在这样的立场上缺乏有力的证明、足够的证据或者上帝存在的其他表现形式,否则我们不可能宣称存在一位隐藏的上帝并合理地解释这种隐藏性。但是事实并非如此,因此相信有一位隐藏的上帝存在并做出解释是可能的。

一个合理的有关上帝隐藏性的解释可以从哪个方面切入呢?我们已经看到它并不能只包含上帝的属性。它必须表明上帝的意图、上帝行动(或不行动)的策略,后者导致了世界含混不清的神学现状。当然,上帝隐藏性的问题也是一个关系的问题,所以任何有关上帝向受造物隐藏自己的有益解释,很可能谈到我们必须与谈到上帝一样多。甚至上帝隐藏性的神性理论也使用了人性的概念或人类处境的概念。除非我们已经假设上帝的超越性、无形体性或无所不在性是我们不能感知的,否则为什么应该认为上帝的这些特性使他从我们面前隐藏了呢?兴许是我们的局限性或我们对于身体的依赖阻碍我们感知上帝本来的存在。因此,鉴于上帝的属性本来如此,问题应该出在我们的本性。

或者应该说问题出在我们内在的**缺陷**,原则上可以补救的缺陷。许多神学家认为人类的罪性破坏了我们与神圣的造物主之间的关系,扭曲了我们对于他所造世界的看法。我们沉溺于肉身而意识不到灵性;因为上帝是一个灵,所以我们不认识他。

如果仔细思考这个问题,我们会清楚发现,与人性理论或说与人的缺陷理论有关的神性理论,还是不能解决上帝隐藏性的问题。把所有这些理论汇集起来并逐一应用,还是不能满足需要。任何这类解释,如其典型的阐述所示,或许可以解释为什么我们没有看到上帝在他的造物身上的工作以及他对世界的日常照管,并将之当作他的显现;可以解释我们为什么不能以任何有规律或连续的方式经历他属灵的同在;但是却无法解释上帝为什么没有用超常的、更富戏剧性的神迹奇事来表明他的存在和统管。事实上,如同汉森和欧黑尔所指出的,这才是问题的关键之处。

对于上帝的隐藏性,我们需要一个说法,这种说法可以提供一种概念,不仅关乎上帝之所是以及我们之所是,而且主要是关乎上帝在**做**什么,或者换言之,关乎他为什么没有比事实上做得更多。我们需要一些有关上帝目标或意图的勾画,以便理解他的隐藏性。

我相信在帕斯卡尔的笔记中可以找到部分概述,颇有希望解释上帝的隐藏性这一核心的宗教事实。在《思想录》中,帕斯卡尔说:

> 除非我们接受一项原则,就是上帝想要蒙蔽一些人、光照另外一些人的原则,否则我们就无法理解上帝的工作。(232)

现在必须承认,这句话初读时真令人难以接受。为什么一位慈爱、公正的上帝要蒙蔽一些人、光照另外一些人呢? 这岂不是**不公平**吗？难道上帝的公义不会阻止这样区别对待上帝的造物吗？

事实上，并不是所有人都认为上帝是隐藏的，起码，并不是每个人都认为他隐藏的程度是同样的。很多人相信有一位上帝，认为就个人经历来说，他们有充分的理由如此相信。有些人声称曾经看到神迹。更多的人声称，在自己的生命中察觉到上帝微妙而信实的供应。但是当然还有很多人否认所有这类事情。世界就此分裂为两个阵营，一个阵营宣称看到上帝的作为，另一个阵营宣称看不到上帝的作为。还有一些人则游移于两者之间。这一有关我们的事实，与帕斯卡尔所言上帝的区别对待相对应。但是上帝怎么样呢？为什么上帝蒙蔽一些人、光照另外一些人呢？帕斯卡尔的笔记中对这个问题有些暗示，很值得探讨。

帕斯卡尔写道：

> 上帝希望改变意志而不是思想。完美的清晰有助于思想却有害于意志。
>
> 骄傲的人，谦卑吧。（234）

在人类的发展中，至关重要的不仅仅是我们知道什么，还有**成为**什么和**做**什么。这里帕斯卡尔可能在暗示，有关宗教的毫不模糊的知识——完美的清晰，这件免费的礼物对很多人来说可能很**危险**，因而根本不是礼物。起码在我看来，这是帕斯卡尔的意思。注意他提到骄傲。在别处，他说道：

> 如果没有幽暗，人类就不会感到自己的败坏；如果没有光明，人类就不会盼望医治。因此上帝部分隐藏、部分显现对我们来说不仅公正而且有益，因为只认识上帝而不认识自己的可悲，与只认识自己的可悲而不认识上帝，二者对于人类同样危险。（446）

帕斯卡尔最著名的主题之一就是人类的伟大与可悲。知道我们的可悲而不知道我们的伟大就会产生绝望。知道我们的伟大而不知道我们的可悲就会引发骄傲。帕斯卡尔相信，清楚认识上帝的同时却没有自知之明同样会使人骄傲，因为我们会禁不住为自己认识上帝的能力而自豪，以致无法意识到我们的软弱。如同保罗所言，知识叫人自高自大。

我们都知道人很容易自高自大。心理学研究有一个有趣的发现，与富人和名人最短暂的偶遇，或者与伟人或伟人身边的人稍有接触，有时就可以让一个人自我感觉很重要并得意起来。一旦有机会，最疏远的关系也会产生这样的效果。如果一个人的弟弟认识一个给流行歌手清理游泳池的家伙，这个人的邻居便觉得自己笼罩在音乐界的光环之下，并很喜欢谈论这一切。在这里我并不是讽刺什么。我必须承认，我给许多朋友讲过一件事：北卡罗来纳大学伟大的篮球教练迪恩·史密斯（Dean Smith）曾经给我和妻子几张门票，请我们和一些卡罗来纳的球迷们一起观看北卡罗来纳大学与圣母大学篮球队的比赛。我们最后落座的位置,距离**迈克尔·乔丹**只有几英尺远,他曾是柏油鞋跟队(Tar Heel,北卡大学队的昵称)的队员,现在已成为历史上最著名的篮球运动员之一。我稍有机会就毫不迟疑地讲述这件事。在热衷运动的人群中,这点事儿似乎提升了我的地位,将这个故事添枝加叶之后,就更是如此。那么,既然我已经说到这件事,我想我应该提供更多的细节。

北卡队在最后六秒以 60∶58 的比分赢得了比赛。当这两个球队再次交锋时,史密斯教练又请我们观看比赛,令我所有的学生感到失望的是,这次的座位是在圣母大学体育馆——乔伊斯运动会议中心——的北卡大学座位区。这场比赛中,排名第一的柏油鞋跟队在比赛的最后几分钟输了,比分是 60∶58。同样的比分,不同的赢家。

为了感谢迪恩·史密斯送票给我们,也为了慰问他这次的失利,我将一瓶百利甜酒包起来,并附上一张纸条,上面写着:"这是一点爱尔兰的东西,比最后的比分容易下咽。"我打好包,写好地址,到 UPS 快递公司寄送这份礼物。柜台里的男士要我"声明物品类别",我说:"百利甜酒。"他皱着眉头解释说:"对不起,这种物品不能跨越州界运输。这是违法的。"我回答:"啊,这太糟糕了。这是给迪恩·史密斯的礼物。"他问:"你是说**迪恩·史密斯,那位**迪恩·史密斯吗?"他一边问,一边扫视邮寄地址。我给他讲了整个故事,然后想拿走包裹。他却不放手,想了一下,说:"我们可以说这是'玻璃制品'。"于是便盖章发货了。现在,他也有一个故事了。

不久之后,我收到那位赫赫有名的教练的一封亲笔致谢信。在北卡罗来纳州,我的家乡,这是世间可以想得到的最大的那种事儿了。我的妻子也是一个地地道道的北卡人,她手中拿着那封信,对我的重要性有了新的认识,以一种兴奋的声调说:"**迪恩·史密斯**的亲笔信!"她停顿了一下,又说:"现在我知道我为什么嫁给你了。"我在家乡杜姆市的双亲的牧师,这人我从上大学就认识,他听说了这个故事,就告诉我的父母亲:"我就知道你们家的汤姆会成为大人物的。"所有这些都起因于和迪恩·史密斯几次愉快的交谈和他的一封亲笔信。(啊!我好像忘记说那几次谈话了对吧?)与伟人稍有接触,与有名、有钱、有权势的人一次近距离的偶遇,就能让自我如橡皮筏一般膨胀起来。

帕斯卡尔希望我们试着想象一下,如果我们当中任何一个人,在没有适当预备的情况下,在近距离的偶遇中认识上帝,会发生什么事。帕斯卡尔的意思是,我们将会直抵骄傲之巅峰,如同那些误认为自己和上帝特别亲密的人表现的那样。

这是帕斯卡尔的观点:

> 人类真正的本性、真正的良善和真正的美德,以及真正的宗教,是无法分开认识的。(393)

拥有宗教知识却无道德修养是很危险的一件事,这甚至是不可能的。帕斯卡尔相信,获得某些最重要的知识,对道德、禀性和态度是有要求的。

> 现今真理如此隐晦难明,而谎言却大行其道,除非
> 热爱真理,否则我们永远不会认识它。(739)

因此,热爱真理是认识真理的必要条件。闭门造车的神学
与闭门造车的科学同样不太可能。无论行动的种类在不同
的领域多么不同,在神学和科学的追求中,行动都是必
要的。

在帕斯卡尔之前很久,基督徒作家们便认识并且强调
实践(或者说行为)与**理论**(或者说知识)之间的关系。从
新约圣经的字里行间,到早期教父作品,都在不断重申这一
关系。圣阿塔那修(St. Athanasius)是初期教会的领袖,也
是一位优秀的作家。在他的一部重要作品《论道成肉身》
(*On the Incarnation of the Word*)中,他甚至说,"没有纯洁的
心灵和效法圣徒的生命,一个人就不可能理解圣徒的言语。"

但是这一切与上帝的隐藏性到底有何相干呢?关系相
当简单,也非常微妙。只有当一个人的生命处于合宜的成
长阶段时,他才可以恰当地认识到一点上帝的存在和属性。
如果一个人并没有做好适当的准备来认识上帝并爱上帝,
那么上帝向这人启示自己就会是一种咒诅而不是祝福。为
了让我们成长到一个地步,那时我们对他的认识具有最积
极的意义,上帝必须限制自己的公开显现,以适应处于成长
最低阶段之人的需要。只有对那些塑造好的个体的心灵,

提供更多有关他的知识才是安全的。而且,这样的人宣称,上帝**的确**赐下了更多的知识。

即使只是瞥一眼宗教异象,这种成长都极为重要,在很大程度上,那是一种在正确自我评价下的道德-灵性成长,这种自我评价和态度通常被称为**谦卑**,是与骄傲相对的一种理想品质。笼罩这个世界终极问题的迷雾使我们意识到,我们不能完全自足。这使人开始变得真正地谦卑。特别是,如果我们是理性的,对终极问题的答案一无所知就会鞭策我们全力以赴去寻求真理。当然,总是存在另外一种策略,那就是隐退到自我的世界,对于罗素来说,就是把灵魂的居所建造在彻底绝望的根基上。但是,帕斯卡尔和圣经的作者一样宣称:凡寻找的,就必寻见。

在许多不同的宗教传统中,寻找或者追寻的重要性是永恒的宗教主题。帕斯卡尔在许多段落中也强调了这一点。当然,人们普遍认为,寻找在许多情况下和许多不同环境中是有价值的,但仅是一种简单的工具性价值。通常,当且仅当找到的事物是有价值的,寻找它才有价值。寻找的目的就是找到。但是在宗教背景下,当涉及终极问题时,寻找的行动具有了新的价值。寻找的行为可能会更新、巩固和发展谦卑的品质和爱真理的心。谦卑被证明是各种品德的核心。正是这种与谦卑的关联表明,寻找的必要性对于信仰很重要,而正是由于世界在信仰上含糊不清,而我们又处在黑暗之中,所以才需要寻找。

每个人都需要正确地认识自我、评价自我,并与此相关,正确地评价他人,人类可能没有比这更大的需要。绝大多数人属于以下三类:(1)自鸣得意、过于骄傲,(2)错误地贬低自我,(3)在过度骄傲和不恰当的自我贬低之间摇摆。很少有人能恰当地认识、评价自己。如果我们不能确切地认识离自己最近的部分,即我们自己,我们怎能期待认识更远的生命奥秘呢?如果我们和上帝没有正确的关系,就无法认识上帝。如果我们和自我没有正确的关系,就无法认识真实的自我。而这一切关系又是密不可分的。接受终极真理需要谦卑,并且是恰当的谦卑。我们应该有作为寻求者的自信,但是永远不应该傲慢,永远不应该自以为是。

问题是,谦卑并非说有就有。在人类的关系中,这一点不证自明。小说家彼得·德弗里斯(Peter DeVries)在他的小说《正午之刺》(*The Prick of Noon*)的开篇,以幽默的笔触刻画了人类天性的痼疾真相:

> 平等待人有一个麻烦,就是他们可能马上也会平等待你。

我们不得不承认,认识到这一点,令我们很多人相当难堪。我们对谦卑感到不自在,哪怕是离谦卑稍微近点也不自在。帕斯卡尔认为上帝很在意这一事实。如果真的有上帝,他创造了我们,爱我们,还希望我们和他拥有恰当的关系,那么,正如我们将会明白的,上帝关注这一事实并相应采取行动就很容易理解了。

帕斯卡尔不只是作为一位笃信的有神论者,而且是作为一名委身的基督徒去处理上帝隐藏性的问题,如他在《思想录》的一个段落所明确表示的:

> 认识上帝却不认识自己的可悲会让我们骄傲;
> 认识自己的可悲却不认识上帝会让我们绝望;
> 认识耶稣基督方能使我们平衡,因为他让我们既看到上帝又看到自己的可悲。(192)

耶稣基督借着自己的神性将上帝显现给我们,又通过他展示的完美人性让我们看到了自己的可悲。在一个特别生动的段落中,帕斯卡尔说:

> 当一切都在同时移动时,没有什么看起来在动,就像在船上一样。当所有人滑向堕落时,看上去谁也没有动,但是如果有人停下来,他就像一个固定的点,把别人急速的堕落显明出来。(699)

通过耶稣在人类手中遭受的苦难,我们也能看到自身的可悲。这并非毫不相干,而是不同寻常的启示:从耶稣既是神也是人的角度来看,耶稣的命运包含了极端的自我牺牲和谦卑,揭示了神性和完美人性的最深刻真理。这就是基督教的宣告,帕斯卡尔将它极为简明地表达了出来。

虽然还需要更多的阐述,但是对我来说,这一思路似乎是思想上帝隐藏性的良好开端。上帝没有用更惊人的公开场面彰显自己,在帕斯卡尔对上帝如此行事之目的的提示背后,是很多与此紧密相关的深刻而微妙的真理。所以帕斯卡尔最后写下的这段简短的对话,就不是令人讨厌的俏皮话了:

　　——为什么上帝不显示他自己?
　　——你配吗?
　　——配。
　　——你太狂妄了,因此你不配。
　　——不配。
　　——那么你就是不配。(附录 13)

　　有些终极问题与个人关系密切且极为重要,关乎生命和我们生活于其中的现实,对于这些终极问题,关键的并不是从复杂的证据得出结论,关键的是改变你的生命,这一主题我们还会再次探讨。

　　《约翰福音》告诉我们,在耶稣争议颇多的一生中,有个时刻,一位名叫尼哥底母的拉比,他是抵挡耶稣的犹太公会成员,夜间来见耶稣,在夜幕的掩护下来和他交谈,那时个人风险最低。《约翰福音》告诉我们,他向耶稣说:

　　拉比,我们知道你是由上帝那里来作师傅的,因为你所行的神迹,若没有上帝同在,无人能行。(约 3:2)

这本身就是一个出自法利赛人之口的非同寻常的声明。尽管他肯定感受到同僚否认和谴责耶稣事工的压力,但他是一个头脑清楚的思想者,所以他权衡了自己拥有的所有证据,得出了自己的结论。他以自己所见为依据,推断耶稣一定有上帝同在。他不怕麻烦,深夜造访,告诉耶稣自己的结论。显然他非常关注自己所看到的一切,他明白这些事件的意义,进行了有效推理,得出了正确的结论,克服了同僚们对于耶稣一致的仇恨。

那么,耶稣做了什么? 他是否高兴地欢迎尼哥底母,为他独立思考的能力、神学上的敏锐以及推理的严密祝贺他呢? 他是否说"了不起的论证! 有效的结论! 卓越的思想!"? 没有,他没有这样做。下文紧接着说:

> 耶稣回答说:"我实实在在地告诉你,人若不重生,就不能见上帝的国。"(约 3:3)

我曾经多年无法理解这一应对,这个"回答"。它令我深感困扰。每次读到这个段落,或听别人读,我都会皱眉,感到非常尴尬。但是,由于奇怪的巧合,或者上帝的旨意,我总是听到这些经文。这些话在我听来,要么耶稣对这位来客很不客气,无视他所说的,完全转移了话题;要么耶稣不擅长谈话,没有领会来客话语的要点,也不明白他为何深夜造访。一位好学的客人特意拜访他,提出一个重要的话题,结果耶稣和他谈的却完全是另一回事。我真不明白。尼哥底母也不明白,至少一开始并不明白。是帕斯卡尔帮助我理解了耶稣这么做的真意。

对于一句话通常有两种回应。每个提问、每个论证、每个对话性的发言都包含了一些假设,都是从某个角度做出的,暗含着恰当回应、得体作答的规则。如果你接受其假设,支持其角度,认可其规则,就可以按照由提问或评论发起的规则来回答或回应。或者你可以改变游戏规则。如果你判断某些事物遭到扭曲,需要得到矫正,你就可以用似乎令人吃惊的方式做出回应,以这种方式帮助与你对话的人领悟。这恰好就是耶稣所做的。

尼哥底母关注的似乎是满足理性上的好奇。他改变了自己的思想,但是耶稣希望他改变自己的生命。所以耶稣并没有遵守尼哥底母的游戏规则。他没有鼓励尼哥底母的神学思辨,没有表扬他思想的敏锐。他挑战尼哥底母要"重生"——一个表示心灵需要彻底改变的暗喻,既奇特又极端。尼哥底母拥有证据,他可能希望得到更多的证据,他可能需要验证,希望自己的结论得到认可,但是耶稣却将他朝截然不同的方向推了一把。

帕斯卡尔理解我们对直接的经验、证据和证明的渴望。他相信,最终,证据会提供给那些能够看见的人,经验也会到来。但是他不相信纯粹的理性可以搜出证据,做出证明,满足所有疑惑者的需要,并吸引我们与上帝更加亲近。他也不相信上帝会让任何人都获得无法抗拒的、惊人的宗教体验和证据,而不顾他们的认识立场如何。

在收集到所有证据之前,我们通常都希望保持中立。帕斯卡尔则希望告诉我们,在这个生死攸关的问题上真的不存在这样的中立区,当我们采取正确的立场时,才会得到我们想要的证据。

许多重视真理的人倾向于把经验和人类的理性看作我们通往真理最可靠的康庄大道。我们希望自己的信仰是理性的,因此我们自然只会相信那些有充分理由——典型的有:明确的经验、可靠的证据或令人信服的论证——支持的有关实在的主张。当我们拥有所需的背景、训练和能力时,我们喜欢亲自去看,去推论。当我们没有能力判断哪种信仰合理时,我们便依赖这些人的判断:他们有能力进行可靠的观察,为我们也为他们自己进行推论。

如果人们能正确地理解帕斯卡尔,那么,作为一位数学家和实验科学家,他是人类观察和理性的捍卫者。他确信,当我们严格要求自己,努力进行正确的观察,设计严谨的实验,就自己所见谨慎推理时,就会得到有关这个世界的科学真理。通过这些行为,我们就拥有良好的认识立场,可以认识物质世界的至深真理。帕斯卡尔相信,同样困难也同样重要的其他行为也可以帮助我们获得良好的认识立场,以判断最深刻的哲学和宗教问题。因此他设计出一个有趣的论证,来激发我们为此付出适当的努力。数世纪以来,这一论证既令人欣喜,也令人愤怒,我们接下来要谈的就是这一论证。

第 7 章　人生之赌

人生是一场冒险。我们所做的任何事情,不论多么重要,都没有成功的保证。我们也不**能**做什么来绝对保证自己哪怕是下一个小时的安全或健康。然而,我们总是不断地面临选择,要做许多决定,但没有任何保证。

我们所有人都有生存的策略,都有应对世界的方式,都有为了实现我们视为美好的目标做出选择的方式,不是这样,便是那样。在某种程度上,这些策略都是经过算计的赌博,我们无法确信这些策略会产生预期的效果,没有哪个策略是确凿无疑的,但是我们习惯了冒险。我们习惯于生活在许多的不确定中,以致常常忘记生命是一场冒险。

是否存在一位上帝?人类的存在是否有客观的、不可动摇的意义?我们的兴趣、活动、爱,能否超越这个短暂世界的狭窄界限而存在?很多世纪以来,对于这些问题,很多有才智、爱思考的人持肯定的态度,还有许多人持否定的态度。持肯定态度的人当中,有些人宣称他们的回答以直接、强烈的个人经历为基础,而持否定态度的人鲜有这样的宣称。否定者通常是以某些推理形式为基础,从自己认为相关的证据进行推理,并得出否定的答案。有人否定上帝的存在,否认生命有客观的意义,并否认死后有生命存在。也有人正好相反,他们肯定上帝的存在,肯定生命有客观的意义,并肯定死后有生命存在。

但是辩论极少像亲身经历那样有力且令人满意。回家吃午饭时,我更愿意看到我的妻子,而不只是从各种琐屑的证据推断出她在家。同样,经历上帝胜过任何数量的可供考虑的神学论证。但是,对于那些似乎没有任何足以回答终极问题的经历的人,除了论证,还有什么呢?

帕斯卡尔试图向同时代不信上帝的人举荐基督教的世界观,他使用了一种罕见的论证形式,目的是帮助他们站在更好的立场上,以便经历上帝的真实,并经历和上帝建立正确关系这一基督教信息的真实。在整个人类历史中,几乎所有旨在赞成或反对某种宗教世界观的论证,都试图证明某些核心宗教信念的真伪。对于终极实在之本质的主张,这些论证都试图建立或至少提出某种可能性。但帕斯卡尔的有趣论证却与此截然不同。他的论证试图证明,就终极问题而言,我们应当以逐渐认识至高真理并与其建立正确关系为目标,采取某种生活策略。我们都有生活策略,也都拿这些策略来冒险。帕斯卡尔设计了一个论证来表明,我们都应该把自己的生命押在上帝的身上。这就是**帕斯卡尔之赌**(Pascal's Wager),一个恰如其分的名称。

帕斯卡尔用这一段惊人的文字开始阐释这个著名的赌注论证：

> "要么上帝存在，要么上帝不存在。"然而，我们应该倾向哪一边呢？理性不能解决这个问题。无限的混沌隔开了我们。在这一无限的尽头，一枚硬币在旋转，最终会停下来，正面朝上，或反面朝上。你要怎么赌呢？理性不能帮你做出选择，对于二者理性都不能证明是错误的。

在此生，怀疑论者不会拥有上帝存在的绝对证据，也没有任何方式可以证明上帝不存在，理性无法解决这个问题。对很多人而言，我们生活的世界看上去似乎矛盾重重。这个世界并没有清楚表明自己的终极本质。有些现象表明宗教的世界观是正确的，但是另一些现象表明它并不正确。就这一终极问题，帕斯卡尔向我们每个人提出了一个简单的问题：**你会怎样赌**？他希望能够帮助我们赌赢。

想象两匹马在赛跑，假设它们曾经比赛多次，我们可以称其中一匹马为"黄金"，另外一匹马为"白银"。每三场比赛中，黄金有两场能赢，而白银只有三分之一的比赛能赢。今天，你和从前一样身处赛马场，你想赌这场比赛，就必须决定为哪匹马下注。黄金有双倍赢得比赛的可能，但是也要考虑一些其他因素。为黄金下注需要多少钱？为白银下注需要多少钱？如果你为黄金下注，黄金赢了，你能得到多少钱？同样，如果你为白银下注，白银赢了，你能得到多少钱？所有这些因素都必须考虑在内。

乍一看，赌徒押注时不外乎有两个目标，一个目标是损失最小化，另一个目标是收益最大化。如果有人只在乎前者，那么他根本不会进赛马场，他会待在家里。只要他看重实现损失最小化的目标，就会极力避开任何风险。一个经常赌博、惯于冒险的人肯定会寻求收益最大化，不只是在今天或这次赌博中，而且是从长远考虑。帕斯卡尔似乎是最先帮助我们了解这个事实的人之一：一个理性的、寻求实现长期收益最大化的赌徒，会根据一定的计算方法下注，这种计算可以用一个简单的公式来表示，用于判断我们所谓的**预期价值**(Expected Value)：

预期价值＝概率×回报－成本

预期价值是长期实现收益最大化的一个抽象指导，理性的赌徒会选择预期价值最高的来赌。我称这种赌博的预期价值是一个"抽象指导"，只是为了说它并不代表具体会赢什么。赢得什么是列入"回报"项下的数额。按照最高预期价值下注的赌徒，可能比按照最大概率下注的赌徒多输几次，但他赢时能够有更多的回报，而且通常花费成本较低，所以短期的失利可以换来更大的长期收益。

事实上，预期价值通常与概率一致，因此最有可能赢得比赛的那匹马也会是预期价值最高的那匹马。但是二者有时也会不一致。如何不一致呢？让我们进一步使用上文中的例子来做出解释。为简化起见，我们会使用一些虚构的数字。

假定黄金赢得比赛带来的回报是三百美元，为黄金下注需要六十美元。获胜可能性较小的白银赢得比赛带来的回报是九百美元，而且为白银下注的成本仅二十美元。这都可以用一个简单的表格来表示：

马	赢的概率	回报	成本	预期价值
黄金	2/3	$300	$60	$140
白银	1/3	$900	$20	$280

再次声明，预期价值不是比赛结束后你下注的马赢了比赛给你带来的收入，而只是综合考虑各种情况后，在这次具体的赌博情形中量化每种选择的总体价值。按照前面的公式计算两匹马的预期价值，我们发现，更有可能获胜的黄金在这次赌博中具有较低的预期价值；而白银虽然获胜的可能性较小，但是却拥有较高的预期价值。因此，在这次赌博中，一位寻求长期实现收益最大化的理性赌徒会为白银下注。同样需要指出，这个例子采用的具体数值，是为了表明预期价值和概率可能不一致而精心设计的，虽然很多情况下二者是一致的。

现在，我们可以来看一看怎样把这一切应用在宗教信仰的考量中。帕斯卡尔相信基督教的一神论是真理，而且一个公正的、不带任何偏见的寻求者终将看到,这个世界上有大量证据支持这一真理。可是面对终极问题时,我们当中几乎没有人是完全公正、不带任何偏见的。我们之所是影响我们之所见。帕斯卡尔曾经说:

> 有关宗教的预言,甚至奇迹和证据,可以说并不能令人绝对信服,然而同样也不能说相信它们是没有道理的。因此,既有证据,又有暗昧;光照一些人,又蒙蔽一些人。然而正方的证据超过或者至少对等于反方的证据,因此决定我们不去追随的不可能是理性,只能是内心的欲念或恶意了。(835)

帕斯卡尔在这段末尾使用了一些语气很强烈的词。在许多笔记中,他指出在人们的生活中做出最后决定的并非总是理性。我们内心最深处的欲望不仅能够影响我们的行为,甚至能够影响我们对世界的看法。我们常常看到自己想看的,看不到自己不想看的。基督教一神论是正确的,有大量的证据在那里。这证据超过了反驳的证据,或者至少与反驳的证据相当。如果我们愿意看见这些证据,就能够真正认识这些证据——真理的标志。

但是帕斯卡尔谈到的这些证据究竟是什么?我们将在下两章阐述一些以资察验。证据对帕斯卡尔来说很重要,他并不是非理性主义者。作为一位实证主义的科学家,他承认在信仰形成的过程中,确凿无疑的证据应当发挥至关重要的作用。但是,作为一名机敏的心理学家,一位拥有深刻的宗教异象的人,他也认识到,当谈到有关终极问题的信念形成过程时,我们的欲望、情感、态度和行为模式有多么重要。

为论证方便起见,让我们至少现在暂时认同帕斯卡尔的观点:就基督教一神论的主张而言,我们生活于其中的世界对于许多观察者来说是模棱两可的,似乎正反两方都有证据。如果问一个人基督教的上帝存在的概率有多大,也许他会回答:"我不知道,五五开?六四开?四六开?我不清楚。"这样的回答恰当地表达了这个问题的不确定性。可是基督教的上帝要么存在,要么不存在。如果我们一定要用数字概率来表示我们对这个问题的确信程度,在一大堆显在证据的冲突中,我们可能发现:"上帝存在,概率大约是一半;上帝不存在,概率大约也是一半。"

帕斯卡尔认为我们每个人通过此刻的生活方式,要么把赌注押在上帝这边——赌上帝存在,要么把赌注押在另一边——赌上帝不存在。没有远离赛马场待在家里的选项。要么我们像上帝存在那样生活,我们祷告、寻求上帝的旨意,并且按照那旨意来生活;要么我们像上帝不存在那样生活,避免或无视一切诸如此类的宗教活动。按照帕斯卡尔的说法,没有中间地带。我们早已下注,不是在这一边,便是在那一边。对你来说,你在哪一边?你应该选择哪一边?如果我们发现自己对这两个问题的回答不一样,现在改变也不晚。

那么,我们应该把赌注押在哪一边?帕斯卡尔认为,并没有绝对压倒性的证据能够支持或者反对上帝的存在。双方都无法积聚起足够的证据,让我们看到真理属于哪一方。理性不能让我们做出选择,理性也不能证明哪个答案有误。然而,帕斯卡尔相信,如果把这种情形看作一场赌博,看作一次理性的赌博,就可以帮助我们判断何去何从。

为了构建一个论证来帮助我们判断自己应该在哪一边下注,我们首先需要提一个问题:除了在这类决定中发挥作用的概率,其他因素是否有可谈之处?在赛马的例子中,我们要问成本和回报,这里是否也要考虑成本和回报呢?帕斯卡尔当然是这样认为的。

假设我们已经思考良久,在现有的关于上帝是否存在的各种选择中,觉得基督教一神论和无神论最可能获选。在下两章我们会探讨这个结论是如何得出的。但是现在,让我们假定,我们已经思考到这个地步,正在考虑基督教或者无神论这两种选择。事实上,在我们的文化中,这是受到讨论最多的两种可以选择的世界观,也被认为是彼此对立的两种世界观。这两种有关终极实在的观点,不论选择哪个,都需要付出代价吗?当然,没有宗教信仰的人立刻就会坚持,在传统意义上,做基督徒是要付出代价的。基督不是打过比方说,我们要背上自己的十字架跟从他吗?使徒保罗显然也说过我们要和基督一同受苦。至少,接受基督教的世界观就需要支持一种并未被普遍认可的对人类处境的看法,有时会冒犯一些不认可这种看法的人。基督教宣称给人类提供了上帝的至高启示、神人关系的完美表述和通向永恒救赎——所有受造物的终极满足——的唯一道路。对局外人而言,这些话听起来可能相当专横、自大。由此产生的恼怒之情可能产生恶毒的意念——甚至恶待基督徒。

但是,无神论者似乎同样也会付出某种代价。在世界中采取一种自足的态度,或者认为最好把终极实在看作是没有任何爱的智慧,这种态度本身也会显得相当自以为是。帕斯卡尔问道:

> 如果有人说他摆脱了束缚,不相信有一位上帝察看他的行为,认为自己是自己行为的唯一主宰,而且他不打算为此向自己之外的任何人负责,听到这些对我们有什么益处呢?他是否认为这样做便能赢得我们完全的信心,并让我们在生活的一切需要上期待从他得着安慰、劝告和帮助呢?他们是否认为,告诉我们他们认为灵魂不过是过眼云烟,并以骄傲自满的声调说出来,会给我们带来极大的快乐吗?(427)

无神论的宣告,或者将无神论作为生活的指南,也可能带来不好的社会后果,除非如此下注的人足够狡猾精明。我知道一些无神论者也参加教会活动,因为他们喜欢敬拜仪式之美。至少在某种程度上,一个无神论者也能够享受宗教团体的益处。**私下里做一个无神论者是可能的。**一个伪装足够好的无神论者,不需要像帕斯卡尔所说的那些自鸣得意的非信徒那样疏远任何人。

　　在这种情况下就很难说明一个无神论者打赌后必然要付出多少代价。别忘了在打赌中确定成本时，我们不能假定自己知道哪匹马会赢。我们计算的成本，是让我们获得参赌资格的价格，是前期投资。因此在这里我们不能说赌上帝不存在的人，其代价就是地狱，或与上帝永远的隔绝，或得不到终极满足的生命。我们可以说这样的生命缺少某种盼望，一种宗教信徒确实拥有的盼望。无神论者还拒绝了一种超越尘世变迁的心理资源，一种信徒拥有的平静的源头。但是可能成熟的无神论者可以开发自己的心理资源来处理人生的跌宕起伏，在生命问题中找到自己的方向。

　　相反，把命运赌在宗教这边的人，似乎很容易明确代价，至少起初如此。基督徒蒙召要避免那种世俗的精明，不能隐藏自己的信仰而不受到公开的关注，他不能把自己的灯藏在斗底下，但是当人们更喜欢黑暗时，高举一个人的灯会非常困难。爱人如己的要求非常高，并不是所有的人都可爱。你希望别人如何对待你，你就要如何对待别人，这也并不容易做到，因为在这个世界上我们更容易受到"先发制人"心理的试探，在别人对付我们**之前**先对付他们。新约圣经说"不可停止聚会"，要参加敬拜。有很多教导需要学习。在星期日的早晨拖着精疲力竭的身体去教会并不总是容易的。在某些场合，至少和某些人在一起时，需要避开一些享乐的事。一个人可能畅饮令人愉悦的啤酒，但是真正的基督徒往往避免沉溺其中，至少要避免酗酒，因为在基督徒看

来，很多非信徒都是被酗酒毁掉了。我们甚至蒙召为别人
的益处受苦。损失、牺牲、强制的敬虔带来的烦恼、不断行
善或至少努力行善的要求——对于任何一个本性自我中心
的人来说，这些都是很大的负担。在上帝这边下注的人需
要付出代价吗？我想诚实的回答是"是的"。然而，我认为
一个更加完整的回答以"是的，**但是**……"开始，下面我们就
要讨论这一点。

让我们假设为无神论下注的代价一开始很小，而为上
帝下注的代价要大得多。我们现在需要知道在两种情况下
的回报或者收益。首先让我们来看一下无神论。

如果无神论者打赌上帝不存在，结果他是正确的，那么
他会赢得什么呢？嗯，可以推测的是，他**不会**得到的一项益
处是发现自己是正确的。如果没有上帝，很可能人在死后
便没有生命，也不存在个人的自我意识。但是，即使在一个
没有上帝的世界中有肉体死亡后的存活，阴阳两界也没有
任何经历可以证明无神论者是正确的。如果他是正确的，
他永远不会经历发现自己正确所带来的满足感。

那么为无神论下注是什么都得不到吗？这是一个错误
的结论。无神论者从自己的下注中得到了某种自由，一种
随心所欲的自由。他可以设计自己的生活方式，也可以按
照自己的欲望和对世界的看法来修改它。如果他是正确
的，那么正因为人类生活是无神的，所以他的行为不会藐视
或者冒犯人类生活的任何客观需求。注意，我的意思并非
暗示每个无神论者都会成为毫无节制的享乐主义者、不遵

守任何法律或只想满足自己的欲望。一个无神论者可能相信存在某些应该遵守的客观道德准则,但是他很难给出令人信服的陈述,来说明这些准则的内容、来源,它们在宇宙这个被无神论者视为纯物质的系统中具有什么样的地位。或者,无神论者并没有认识到道德的客观性,只是选择按照普遍接受的道德准则来生活,或者创造他自己的道德。或者,他可以每天随便选择一种方式生活,根据心情来行动。很难说,这个世界有多少事情是他认为不能做的。他是一个关注这个世界的人,因为他相信这个世界是唯一存在的世界,从这里他大概能获得他想要的任何东西。最后,如果他是正确的,那么他在世界中的所作所为注定都不会失败——只是因为他是无神论者。

但是,如绝大多数无神论者认为的那样,假定在一个没有上帝的世界中死亡是人类存在的结局,那么为无神论下注,充其量只有有限的益处或受益的时间,这一点非常重要。因为当我们思考**如果**为基督教下注最终获胜所得的益处时,我们发现了截然不同的情景。永生的应许、与上帝永远同在以及与爱上帝的人同在的极乐,都是基督教信仰的核心。如果结果表明基督教是正确的,任何一个按照基督教教导生活、与上帝建立关系的人,将会发现自己与终极实在的至深真理和谐共处,进入了一种质量上乘的生命形态,他们将真的永远享受这种生命。

如果为基督教下注的人被证明是正确的,他们会因为发现自己正确而得到满足吗?甚至像汉森这样坚定的批评

家似乎也承认答案是"是的"。如果基督徒信仰的上帝确实
存在,那么会有什么样的后果?很容易想象一些经历,使你
对此问题无法产生任何合理的怀疑。所以基督徒可以享受
发现自己正确的满足感。另外,如果他关于是否存在一位
上帝赌输了,他也不会被迫面对自己的错误,因为如果没有
上帝,如果死后没有任何存在,他也永远不会在死后经历失
望。如果无神论者不论生死都不能享受发现自己正确的经
历,同样,为宗教下注的人不论生死都不会发现自己的错
误,不用害怕因自己最终被证明是错误的而失望,对为宗教
下注的人来说,这种失望不会变成现实。

这里,在两类赌徒之间,有一种有趣的不对称,一种有
趣的差异。实际上,甚至存在一种对称的不对称。为基督
教下注的人可能经历的,是发现自己确实正确,以及由此而
来的深刻满足;而他不会经历的,是发现自己确实错误,以
及由此而来的可怕失望。相反,无神论者无法经历到任何
由发现自己正确而来的满足感,而且,根据另一种选择,即
基督教神学,他**可能**经历发现自己错误所带来的极大懊悔:
懊悔自己活在无知中,无视关于现实的至深真理。基督教
神学提到审判,还提到比审判更可怕的事。无论那意味着
什么,至少可以假设它包含这样的经历。所以,在某个重要
的意义上,我们可以说,无神论者必定不会得到任何满足,
而有神论者却必定不会有任何不满足。

我们可以用一个表格来表示我们的赌博状况:

选项	赢的概率	回报	成本	预期价值
基督教	1/2	无限	有限	无限
无神论	1/2	有限	小	有限

假设我们不能更加精确地量化这个赌局中需要考虑的各种因素,我们也能够看到会有什么样的结果。无神论最多拥有有限的盼望,而基督教却拥有无限的预期价值,再没有比这更大的差异了。所以帕斯卡尔说,一个理性的赌徒会把赌注押在上帝这边。

帕斯卡尔本人展开的论证稍有不同。他的笔记中有一些深奥难懂的段落,还有一些迂回曲折的数学推理,比我们所考虑的更为精细。不过,我认为我们刚才所考虑的能够代表他思想的精华。

然而还需要提一些问题。如果我们发现这个推理具有说服力,我们到底该怎样去投帕斯卡尔呼吁我们下的赌注呢?帕斯卡尔预料到了这个问题,他在一段对话中,和假想的对话伙伴讨论了这个问题。他的非信徒代言人发现,在考虑上帝是否存在时,理论上的推理——关注发现真理的证据和证明——陷入了绝境。相比之下,帕斯卡尔的论证却可以看作是有关我们应该如何行事的实用推理。在帕斯卡尔的对话中,非信徒承认帕斯卡尔的论证雄辩有力,也承认尽管理论推理有不确定之处,实用推理则表明他应该在上帝这边下注。但是存在一个问题,引发了他们下面的交流:

非信徒:是的,但我的手被绑着,嘴也被封住了;我被迫下注,没有自由;我被牢牢限制,而且我受造本是不能相信的人。你要我怎么办呢?

帕斯卡尔:确实如此,但是你至少要理解:如果你没有能力去相信,那是因为你的感觉的缘故——既然理性不能迫使你相信,那么就不要刻意积累上帝存在的证据以说服自己,而要刻意消减你的感觉。你想找到信心,但却不知道道路;你想摆脱不信,你在请求医治:你要向曾经像你一样受束缚但现在倾其所有下注的人学习。这些人知道你想要遵循的那条道路,他们的痛苦,也就是你想得到医治的痛苦,已经得到了医治。追随他们开始时走的路吧。他们的行为就好像他们确实相信一样,受洗,领圣餐,等等。(418)

帕斯卡尔接着说,当这些人做出为宗教下注的行动时,自然而然就朝着真信仰的方向前进了。他建议,任何认为这种打赌合理的人,都应该尽其所能地开始以一种全新的方式生活和思考。非信徒应当开始尝试让自己的生活符合真信徒设立的模式。他应当开始思想上帝的心意,他应当默想感人的宗教故事,他应当尝试祷告(尽一切可能),他应当和那些已经相信并且将信仰看得至关重要的人交往,他应当参加教会的敬拜仪式。赌注论证的建议不是"相信上帝对你最有益处,所以去信吧"。信仰并不在我们直接自发的掌控之下。如果有人当场给我一万美金让我马上相信:在一个小时内,无需离开办公室,我将看见三十七头得过奖的印第安纳大肥猪戴着草帽、踏着口琴的旋律翩翩起舞,即使我从未见过如此特别的场景,我也会迅速接受这个提议(一万美金可是个大数目),但是即使面临最有利可图的诱惑,我也无法制造信仰。如果某些事情在我看来是事实,我就会相信;如果在我看来不是事实,我就无法相信——无论摆在我面前的论证多么具有说服力,哪怕是信了对我极有好处。我可以**说**我相信它,我可以根据它进行假想或想象,但是如果在我看来它不**是**真的,我便无法确实相信它是真的——无论我如此相信会得到什么。我想帕斯卡尔是一位足够聪明的心理学家,他认识到了这一点。他没有想让赌注理论立即带来对上帝的**信仰**,以此作为论证的直接结果。他只是想要带来一种行为模式,这种行为模式可以消融信仰的障碍,就是在我们的情感、态度、欲望以及思考和行动的惯有方式中的障碍。他相信,至少从长远来看,宗教行为和宗教思想能够带来对宗教的洞见,能够使我们敏锐地认识到信仰的真实。认为我们的所见与我们的所行所感全无关联,是对人类境况全然的扭曲,然而不幸的是,这种情况很常见。作为抽象概念的运用,我们可以区分知识和情绪,或推理和感觉,这些也确实是在人类设法理解世界时可以区分的方面,但是我们并不总是能分开我们用这种方式区分开来的一切。

睁开眼睛,就能看到一个物质的世界,但是没有多年熟练的预备,就不可能领会物质世界的某些真理。任何能够正常思考的人,都可以处理一些简单明了的思想,但是还有大片的思想领域,若没有艰苦的训练、持之以恒的关注、坚定自制的耐心,我们便无法进入。辨识属灵的真理同样需要我们具备某些能力,而我们绝大多数人都特别需要培养这些能力。对那些以生命下注——因为关乎极大的价值——盼望取得成功的人来说,帕斯卡尔的赌注最好被视为培养他们这些能力的一次坚决尝试。

为了阐明帕斯卡尔的思想,请看下面这张简单的图表:

通常,我们喜欢用这种方式思考生命:我们感知的真实是由我们所处的客观环境造成的。我们对环境的感知又会影响我们的感觉,它产生这种而非那种态度,带来这种而非那种情感。这些情感和态度又会影响我们的行为。我们的感受会影响我们的行为。

帕斯卡尔想让我们看到,事情反过来也行得通,行为可以产生情感。从长远来看,有时甚至在当时,我们的行为可以影响在我们生命中运行的态度和情感。这些相应地也会让我们看见或看不见所处的客观环境的某些方面。它们也能够深刻地影响我们正确感知世界的能力。情感和态度能够影响我们感知世界的模式,向我们揭示或隐藏周围的终极现实。要想得到有关任何事物的精细而奥妙的客观真理,需要大量的预备,或者需要正确地下注。

基于个人经历,帕斯卡尔相信世界上存在宗教真理,那些有能力看见的人就可以看到。如果我们做好了准备,就有大量的证据在等待我们收集。但是我们应该做多少准备呢?在开始任何一项新事业之前,我们当中绝大多数人喜欢一直等到证据齐全的时候才开始。我们希望预先拥有能够带来成功或满足的证据,这通常意味着该事业所依据的任何一项假设都需要充分的证据。除非我相信以后每年都会有寒冷的天气,否则我不会涉足生产毯子的生意。但是有些事业在证据尚不齐全时便需要投资,成功的企业家都明白这一点。在人类关系的领域,我们很早就发现了这一点。在宗教方面也是如此,这毫不奇怪。

但是有一些证据需要预先得到,没有人想跳进彻底的黑暗当中。一项事业需要的投资越多,下注的成本越大,我们迈出第一步之前想得到的证据便越多。但是当然,如帕斯卡尔所指出的,这并不像我们在收集到想要的全部证据之前,能够待在家里,把所有的钱存在安全的银行里。我们已经在前进,不是沿着这条路,便是沿着那条路。我们甚至不能放慢速度。我们现在走在正确的路上吗？我们赌上帝不存在有什么证据？有什么证据表明无神论的生活最契合真正的现实呢？权衡了下注相关的所有得失后，帕斯卡尔宣称用来支持无神论世界观的证据并不充分。他相信，相比之下，为基督教下注从一开始就享有充分的证据基础，而且，还有在这个基础上得以扩展的应许。

那么，这证据是什么呢？首先，有大量证据表明，寻求按照真正的信仰之道生活的人，**在今生**就将得到丰盛的回报。帕斯卡尔甚至说：

> 只有基督教信仰让人变得既喜乐又可爱。（426）

在别处，帕斯卡尔解释道：

> 基督徒盼望拥有无限的良善，这一盼望既掺杂着敬畏，又掺杂着真正的享受，因为他们并不像那些期望拥有一个王国，但却因为身为臣民而与王国无份的人，他们盼望圣洁，盼望免于不义，他们已经拥有了其中的一部分。（917）

任何一个按照帕斯卡尔的方式下注的人，都必须试着调整自己的注意力和精力，从我们所有人固有的关注自我和自我利益，转向关注上帝和他对我们的心意——如基督教传统所陈述的那样。下注在基督教一方的人开始采取的一系列行为,会使他获得一种新的对自己欲望的控制——
无论这种控制仍是多么不完美。一个用自己的生命如此下
注的人,在这个充满混乱和痛苦的世界上,会拥有超越性的
关注和心灵慰藉的资源。使徒保罗曾在《加拉太书》中描述
过基督徒生命的果子,这生命若完全活出来,就会生出许多
美好的品质,满有"仁爱、喜乐、和平、忍耐、恩慈、良善、信
实、温柔、节制"(加 5:22—23)。过一种基督徒的生活会让
生命发生改变,在下注的过程中基本的品格将变得美好,就
此而言,有证据表明,如此下注符合一个丰盛而又令人满意
的生命所需的最根本条件。

　　但是,还有别的,还有更多。我们现在需要转向"更多"
中的部分内容。

第 8 章　人类之谜

　　我们对自己来说是一个谜。我们面对的谜团不只藏在高天之上,也不只埋在宇宙的尘埃之中,最大的奥秘之一就在我们里面。一丝不挂的猿猴怎能领会物质的数学结构呢? 一个物种怎能产生无法形容的邪恶,同时也能产生令人费解的良善呢? 我们何以能既制造最令人作呕的卑劣,又创造出最令人惊叹的美呢? 为什么在一个生命中交织着伟大的志向与自我毁灭的冲动,也交织着恩慈与邪恶?

　　人类之谜迫切需要解释。帕斯卡尔相信只有基督教的信条才能充分解释人性的伟大和可悲,而且他坚信这本身就是一个证明基督教拥有真理的重要证据。没有哪部世俗的哲学人类学(philosophical anthropology) 能够像基督教的人类学一样充分诊断我们的病态,并解释我们的优点。帕斯卡尔认为基督教有关人类本性和人类状态的解释具有启示性,他断定这是一个重要的信号,表明基督教无论从哪个方面来看都是真理,因此它值得我们相信。有许多证据支持基督教的一神论就是真理,在下一章中,我们将探讨尤其打动帕斯卡尔的一些证据。但现在我们从问题的核心开始,如果一种世界观不能弄清楚我们是怎么一回事,那么我们就不能相信它会弄清楚其他事物的意义,所以我们查看证据必须从最令人费解的我们和我们的生活入手,并必须思考基督教神学的传统主张是否可以有力地解释人类存在的特征,而这些特征若不如此解释就是令人困惑或难以解释的。帕斯卡尔希望在这一点上说服我们。

但是,不管有什么理论上和证据上的益处,探究人类之谜都会给所有人带来现实的益处。帕斯卡尔评论道:

> 人必须认识自己。即使认识自己无助于发现真理,也至少有助于经营个人的生活,没有比这更正确的事了。(72)

蒲柏(Pope)曾说过差不多意思的话:对人性的恰当研究就是人性(the proper study of humanity is humanity)。帕斯卡尔可能会补充:在这种研究的尽头可能会瞥见神性。

人类的大部分行为都没有什么意义,在似乎永不满足的欲望的驱使下,人们在没有根基的盼望和出乎意料的沮丧之间不断惊人地循环往复。我们对自己的生活感到不满,我们渴望改变。实际上,我们渴望获得某些东西,认为得到它们就能带来这样的改变。"只要我能住在那样的房子里""只要我能开那种车""只要我能穿成那个样子""只要我获得那种名望",我们想象着,"我的生活就会不一样了"。这样的梦我们做得越多,对自己拥有的东西、对自己的现状便越发不满。我们越是不满,就越是渴望改变。我们的盼望维系在某个或某些事物上,以为有了它们,一切就都会不同。但是,这样的事从来不会发生。因此,循环往复还在继续。

我们往往是寻求那些我们认为会给自己带来快乐的事物,它们以如此的方式带来如此的快乐,以至于将我们的生活提升到一个新的层次,在这个层次上我们可以感到满足,并最终感到幸福。帕斯卡尔评论道:

> 认识到现有的快乐是虚妄的,同时却认识不到缺席的快乐是虚幻的,就会导致变化无常。(73)

现有的快乐是虚妄的,它们未能带来完全的满足。缺席的快乐是虚幻的,我们尚未经历的快乐不断用令人几乎无法抗拒的女妖之歌呼唤我们,但是帕斯卡尔向我们保证,它们同样不能带来满足。没有一种尘世的快乐能够使生命得以完全。在这个世界上,生命就像过山车,一会儿处在兴奋的巅峰,一会儿又跌入无聊的谷底。生命也像穿越无聊大漠的艰苦跋涉,只能从偶尔出现的海市蜃楼稍得安慰。帕斯卡尔在一则较为简短的笔记中写道:

> 人的状况。无常,无聊,焦虑。(24)

我们盼望,我们恐惧,我们绝望。

但是这种对人类生命状态的描述似乎过于黯淡,并不是所有人都感到焦虑、无聊或者渴望改变。是的,但是我们的生活只能局限于这个世界提供给我们的一切,在这个意义上,帕斯卡尔认为,我们只是通过给自己编织一个幻想的茧来逃避这些问题。感到幸福和只是想象幸福,二者是不同的。

很久以前,柏拉图让我们注意区别表象(appearance)和实在(reality)的重要性。对于还没有获得财富和名望的人来说,拥有财富和名望似乎可以带来满足和幸福。在我们寻求获得这些东西的过程中,甚至在我们得到它们的时候,我们可以生活在这些期望的表象中。但是看穿这一幻想的人——例如托尔斯泰和帕斯卡尔——却向我们保证,这只是表象而不是实在。然而,我们多么容易陷在表象的世界中!我们为自己编织幻想的一种方式,就是不断在别人的脑海中创造一个有关我们自己的形象,一个充满才华、品格、成功和满足的形象。如果我们成功地做到了这一点,这可能就是我们唯一真正的成功,唯一获得满足的源泉。但是,当然,这种成功的幻想不过是幻想成功而已。我们无法通过沉溺于为别人创造的自我形象来获得真正的幸福。可是这种幻想可以支撑我们相当长的一段时间,在这段时间里我们不用面对自我的真实状态。就这个问题,帕斯卡尔说:

我们不满意自己拥有的生命，也不满意我们自身的存在。我们想过一种想象中的别人眼里的生活，因此我们试图给人留下好印象。我们不断努力美化、保护想象中的自己，而忽略了真正的自己。如果我们很平静、很慷慨或者很忠实，我们便急于让人知道，目的是把这些美德附着于我们的另一个存在上；为了让它们和另一个存在结合，我们宁愿使它们脱离真正的自我。如果做懦夫会给我们赢得勇敢的名声，我们会欢欢喜喜地做懦夫。没有另一个存在，我们便无法满足，常常拿这一个存在去换另一个存在，这多么清晰地表现了我们自身存在之虚无！（806）

当我们缺乏真正的幸福而想象自己幸福的时候，我们需要别人的想象来支持这一点。我们越少感到真正的幸福，便越需要幸福的表象来填补我们相反的幻想。因此，我们越忙于创造一个形象，便越表明我们生活中的一切都不对劲。

真正获得幸福需要什么呢？获得真正的幸福需要什么呢？《思想录》中一段较长的文字颇具启迪性：

人人都寻求幸福，无一例外。无论他们采用的手段多么不同，他们都在向这个目标努力！有人参战，有人不参战，原因都是同一种渴望，只不过诠释的方式不同。除非为了幸福这个目标，意志不会做出任何努力。这是所有人一切行为的动机，包括那些上吊自杀的人。

　　然而许多年来,没有一个缺乏信仰的人曾经实现这个人人都在不断瞄准的目标。所有人都在抱怨:君主、臣民、贵族、平民、老人、青年、强者、弱者、智者、愚者、健康人、病人,人人都在抱怨,不分国度,不分时代,不分年龄,也不分境遇。

　　一场历时如此悠久、毫无停息或变化的试验真的应该让我们相信,我们靠着自己的努力不能实现这个目标。然而我们从实例中所学甚微。没有哪两个实例完全相像,以致不存在任何细微的差异,这就是为什么我们会期待自己的期望不会像上一次那样落空。所以,尽管现在从未令我们满足,但经验欺骗我们,并引导我们从一个不幸进入另一个不幸,直到死亡作为最终永恒的高潮来临。(148)

正如我最近看到的一辆小型卡车保险杠上的贴纸所简洁表达的:

　　生命是个婊子,然后你死了。

但是,再回到帕斯卡尔的笔记中,他继续写道:

　　这种渴求、这种无助不正表明人类曾经有过真正的幸福,但现在只剩下空洞的印记吗?他徒劳地试图用周围的一切来填充这个空洞,他在拥有的事物中找不

　　到帮助,便在没有的事物中寻找,虽然没有什么可以帮
　　助他。因为无限的深渊只能被无限的、不变的对象所
　　充满;换言之,只有上帝自己能使他满足。
　　唯有上帝是人真正的益处。(148)

这个世界上所有真正的不幸都表明,在这个世界之内无法
找到真正的幸福。我们的无常只能从不变的事物得到医
治,我们无限的愿望只能从无限的存在那里得到满足。我
们的困境证明了我们地位的真相。我们的地位,在一个伟
大的计划之中,是要和上帝在一起,活在与创造主的团契
中,并遵从他,因为我们是为他而造的。

　　不在应在的地位时,我们是可悲的。但是帕斯卡尔宣
称,我们的可悲,是一个被驱逐的君王的可悲。我们的可悲
在本质上反映了我们的伟大,这适用于人类之可悲的许多
方面。想一想人类能够创造的最不同寻常的残忍行为吧。
我们和动物不同,动物厮打和杀戮,是为了食物,或者为了
其他的生存必需,比如领土、藏身处和繁殖后代,而人类能
够无端地炮制出魔鬼般花样翻新的恐怖和折磨行径,任何
一个凶杀案侦探都能为此作证。从不那么恐怖的方面来
说,人类的关系能够激起极度惊人的、几乎富有艺术性之精
细的精神虐待。在帕斯卡尔看来,这些全都是阴影,反映了
我们是按照上帝的形象(*imago Dei*)造的,拥有创造和自由
的一切潜能。我们的可悲以直接和歪曲的方式反映了我们
原初本性的伟大。

在《思想录》中,帕斯卡尔描述了人性之可悲的许多方面和表现。古代希腊哲学家普罗泰格拉(Protagoras)曾说:"人是万物的尺度。"帕斯卡尔指出,在许多方面我们和万物真正的尺度极不协调。帕斯卡尔说,我们被悬置于两种无限之间,一边是极其小的领域,一边是无限大的领域。思考我们的巨大反差极度令人烦恼。我们与自然界不和谐,我们彼此也不和谐。什么是公正? 什么构成了一个良善、公正的社会秩序? 不同的社会有不同的观点。哲学家们也不一致,他们常常反映这些不同的观点,同时引入更多的不同观点。有关实在的终极真理是什么? 理性的影响范围有多大? 我们在思想的海洋中随波逐流,没有一个可靠的抛锚之地。我们与真理不和谐。帕斯卡尔下面的这段话非常恰当地描述了我们许多人的困惑:

> 我的生命是短暂的,它消逝于在它之前又在它之后的永恒中,**就像只停留了一天的客人的回忆**;我所占据的空间很小,它淹没于无限大的空间中,而我对那无限大的空间一无所知,它也根本不在乎我。每念及此,我就感到恐惧,奇怪自己在这里而非那里:我在这里而不是那里、在此时而不是彼时,是没有理由的。是谁把我放在这里的? 是谁的命令把这个时间和地点分配给我的? (68)

我们迷失了。我们与时间也不协调:

　　我们从未活在当下。我们回忆过去；我们展望未来，好像觉得它来得太慢，想让它快点来似的。或者我们回忆过去，好像要挽留它的飞逝。我们如此愚拙，总是徘徊在并不属于自己的时间里，而不去思想那唯一属于我们的时间；我们如此虚妄，梦想着不存在的时间，却盲目地逃离唯一存在的时间。事实是，现在常常让我们痛苦……现在永远都不是我们的目的。过去和现在都是我们的手段，唯有未来才是我们的目的。因此我们从来都没有真正生活过，而只是希望去生活。而且因为我们总是筹划着如何才能幸福，所以我们必然永远都不能够幸福。（47）

我们的存在是脱节的，我们是迷失的，我们和现实无法协调。这可不是作为万物尺度的存在应有的形象。

　　人类的可悲以无数的方式表现出来，但是最根本地存在于帕斯卡尔所谓的"盲目和邪欲"中。

　　这便是人类今天的状态。他们残存着第一天性中幸福的微弱本能，但却一头扎入了盲目与邪欲的悲惨中，那已经成为他们的第二天性了。（149）

帕斯卡尔相信，如果没有基督信仰的改变大能，我们都困在极度错位的思想和欲望的习惯模式中。我们习惯的思维模式让我们认识不到有关现实的至深真理,也无法认识我们自己。我们习惯的欲望模式——不受控制的欲望——就是他所指的"邪欲",他视之为烈火。

从最根本上来辨别人类的可悲是一回事,解释它何以产生则是另一回事。帕斯卡尔相信,要想提供一个解释,我们就必须接受显见的悖论。当然,无论何时我们想解开人类之谜,在某种意义上,我们便已处在悖论中。帕斯卡尔对比了人类对真理的需要和寻求真理所用的脆弱工具后,大声疾呼:

> 多么怪诞的人啊! 多么怪异、残忍、混乱、矛盾、不可思议! 一切事物的审判官,软弱的蚯蚓,真理的储藏所,怀疑与错误的渊薮,宇宙的荣耀与垃圾!

他接着疾呼:

> 所以,高傲的人啊,认识你们是多么自相矛盾吧! 无能的理性啊,谦卑吧! 虚弱的天性啊,住声吧! 要懂得人无限超乎自己,从你的主人那儿聆听自己真实的处境吧,这是你不知道的。
> 聆听上帝吧。(131)

人类的处境交织着可悲和伟大,本身就充满了矛盾。帕斯卡尔在这段话中接着说:

人类有着双重的处境,这岂不是一清二楚的吗?重
要的是,如果人从来不曾堕落,那么他就会单纯而自信
地享有真理和幸福;而如果人只有过堕落这一种状态,
那么他对真理或幸福便会毫不知情。然而,尽管我们
是不幸福的(如果我们的状态中没有伟大的因素,我们
的不幸福还会少些),我们却有幸福的观念,但又无法
得到幸福。我们看到真理的影像,却只拥有谬误;我们
既不能绝对无知,又不能确切知道;我们曾经享有某种
程度的完美,但已经不幸从中堕落,这是显而易见的。
(131)

帕斯卡尔在这里暗示了基督教关于创造和原罪的核心教
义:我们是上帝造的,是上帝按照自己的形象造的,是为了
享受与上帝及其造物的幸福同在而造的,但是我们已经从
这个高处堕落,堕落的程度反映在我们的巨大困境中。

创造和堕落的教义,或创造和原罪的教义,可以让我们
充分认识并了解人类的矛盾状态:极端的伟大和极端的可
悲交织在一起。

(在得知全部的人性后。)一种宗教如果是真理,那
么它必定了解我们的人性;它必定了解人性之伟大与
渺小,以及二者的原因。除了基督教,还有哪一种宗教
了解这些呢?(215)

按照帕斯卡尔的观点，置神圣启示于不顾的哲学家不可避免会出错，他们或是因为只关注人类的伟大而看不到人类的可悲，或是由于只关注人类的可悲而看不到人类的伟大。前一个错误会让我们感到骄傲，后一个错误会让我们感到绝望。只有从基督教神学的角度，将两个真理同时考虑在内，我们才能拥有正确的态度：盼望中有谦卑。认识我们的伟大是盼望的基础，再加上对我们的可悲的适当评估，就会生发谦卑，从基督教的观点来看，谦卑可能是人类最重要的美德。

为什么我们人人都有盼望？是因为在我们里面有伟大的印迹。为什么我们人人都会感到绝望？是因为我们在对比自己感知的现状及可能的前景和内心深处的渴望——与我们里面伟大的印迹相关联的渴望。为什么我们所有人都误入歧途？为什么我们每个人生活中会有错位的思考和欲望的习惯模式？难道这仅仅是过分惊人的巧合？还是有某种解释？帕斯卡尔认为，基督教的神学提供了一个解释，它部分涉及另一个显见的悖论——原罪的教义。为什么我们所有人都误入歧途？这不仅仅是一个巧合，这是出自原罪。

帕斯卡尔以一种非常传统、守旧的方式阅读圣经。除非他相信自己有足够的理由不这样做，否则他便按照字面意思理解圣经的讲述。因此，他认为旧约和新约宣称在人类历史中有一个原初的堕落，它使我们失去了和上帝的原来预期的关系，我们当前的困境，部分原因也在于此。用我们最常用的一个术语来表达，就是原罪的教义。

直到当代，绝大多数圣经读者是这样理解这一教义的：上帝创造了第一个男人亚当和第一个女人夏娃，让他们和他们的后裔生活在与上帝的爱的团契中，治理全地并遵从他的命令。但是人类的这对先祖悖逆上帝，从与上帝的团契中堕落，因此他们便有了原罪。他们的罪传给了他们的后代，最终也传给了所有受造的人。只有通过基督的救赎，才能将人类从客观存在的罪及其后果中拯救出来。基督就是上帝的儿子，他降到世间，就是为了把我们从原罪的后果中释放出来，这样我们才有可能再次进入我们受造时原本要与上帝拥有的关系中。

这种对原罪教义的传统理解包括一些假设：关乎如何解经、人类在地球上的历史以及道德思想的范畴，如今受过最多学术训练的神学家认为那是非常过时的。亚当和夏娃的故事被贴上了"神话"的标签，至多被认为是象征普通人从道德无知走向自觉的道德自主。代代相传的罪的观念被认为完全不能接受，与该教义的历史维度一起遭到拒绝。可能每个男人在自己的生命中都有一个原罪，每个女人也是，那可能会在他们的生命中影响后来的行为。但是，任何有关人与人之间罪的传播或其影响的观点都被丢弃。

帕斯卡尔认识到这一传统教义的悖论性，即我们现在有罪，是很久以前别人的行为而非我们自己的行为带来的结果。罪与责任有关，责任与所有权有关。客观来说，我们只能因自己做错的事而有罪，我且只有我自己对此错误负

有道德责任。帕斯卡尔认识到,并非因我的行为而产生的罪,至多只是一个悖论性的概念:

> 无疑,说第一个人犯罪竟累及那些如此远离原罪以致似乎无能参与其中的人们,没有什么比这种说法更能震撼我们的理性了。对我们来说,这种罪的流传似乎不只是不可能,而且的确没有比这更不公正的事了。一个没有意志的婴儿,为了他根本没有参与的、事实上发生在他出生前六千年的一项罪行,要接受永恒的惩罚,还有什么比这更有悖于我们可怜的正义准则呢?的确,没有什么能比这种教义更令我们感到震惊了;然而,如果没有这个奥秘,这个所有奥秘中最不可理解的奥秘,我们仍然无法理解自己。在这一无法理解的深渊中,我们境况的症结缠绕在一起,所以人要理解这一奥秘很难,但是如果没有这一奥秘,要想理解人类就更难。(131)

帕斯卡尔接受了这一教义最棘手的一个版本,这个版本似乎最违背直觉,在道德上最令人难以接受。他主张只有这个版本可以解释我们的可悲境地。在这一点上,我相信帕斯卡尔在使用一种论证策略时有点忘形,虽然从其他方面看来,这种论证十分精彩、颇有洞见。

帕斯卡尔希望说服我们去相信基督教的真理。因此,如我们将在下一章所见的,他整理了证明基督教是真理的所有证据。有时候,他看上去很喜欢钻研基督教神学中的难题,也是护教中的薄弱环节。但是他借着机敏的反驳,反而把它们变成了长处。这是一个有趣的策略。他确信非常传统的基督教神学是真理,所以他自信地处理那些非常棘手、令人困惑、绝大多数基督徒避之唯恐不及的问题。事实上,他甚至似乎专注于这些问题,认为它们能够突出地展示这一信仰的真实性。

他的想法大概是这样的:最符合常识的基督教神学主张或观点,无论是什么,都不能成为基督教神圣源头的生动记号。任何一个深思熟虑的人,都能把它们想出来。但是相比之下,基督教教义里最难让人明白的部分,最终必将提供最深的真理,因此也是最可能让人认出神圣源头的真理。

显然这样的论证策略有真知灼见和明智之处。然而危险之处在于,它可能会使信徒过分热衷于悖论的、艰深的和神秘的教义解释,以致忽视其他更为合理和容易理解的解释,而这些解释本身也是深刻、有益的。在对待原罪教义的问题上,我认为帕斯卡尔有些过于迷恋这一策略。如果一种观念远非思考性的常识所能勉强辨认为真的,那么为寻求真理之人的缘故,便不能以之为真理的记号或标志。除非它能够在某种程度上自我表明其真实性,否则就不能引领理性的人去接受基督信仰。一个人一旦**成为**基督徒,他就能学习忍受我们不能完全理解的问题。毕竟,我们是谁,可以指望我们理解**一切**呢?但是首先,可以说,帕斯卡尔在试图提出证据证明基督教是真理的过程中,可能已经将我们的注意力吸引到了原罪教义的某些特征上，这些特征合起来可以成为原罪的另一种解释，在很大程度上确实可以解释人所处的境况，尽管其中包括些微悖论的残余。

帕斯卡尔信奉的原罪教义的传统版本，我们可以称之为"罪的传承"。该教义另外一种可供选择的版本，我们可以称之为"伤害的传承"。后者足以解释有关人类状况需要解释的一切，而不需要我们相信那些看上去不可能或者不公正的事情，也不需要我们视其为深刻的见解。

在某一时间点，罪进入了世界。无论我们是否相信第一起罪行，我们都能够承认这一点。即使这个世界上的邪恶史由三十七个同时发生的罪行拉开序幕，它们出现的时间是一个点，在这个时间点上，通过这三十七个入口，罪进入了世界。一旦罪进入世界，世界便不再一样。罪不可避免地改变了人与人之间的关系，而这也相应不可避免地影响了其他人的行为。我们的祖先和我们同时代的人都误入歧途，他们行事不正，因此他们创造并强化了一些条件，鼓励我们也走上歧路，我们确实也这样做了。我们都误入歧途，我们都犯了罪，因此也同样创造和强化了鼓励别人走上歧路的条件。没有哪个人是一座孤岛，个人的自由行为并非仅仅出自个人的自由选择。谁在做选择呢？他是谁，他如何选择，至少部分取决于他成长的社会环境，而这个社会环境的形成又取决于在其中生活的其他人是谁以及他们如何选择。

长期以来，传统的神学家和传道人一直都声称："我们所有人都生在罪中。"这是真实的境况，但是可能稍有误导。我们所有人在一个充满罪的社会中**成长为人**。罪已经进入了世界，而且它带来的伤害已经传递给了其后所有的世代。没有哪个行为是孤立的事件，所有的行为都对行动者造成了影响，行动者通过他之所是与所行影响了他与同伴共处的社会，后来的各代人都在这个社会中成长。

基督教神学解释说，很久以前人类已经破坏了和造物主原有的关系，这带来了人与自己、人与人以及人与自然界之间的不和谐。从那个时候起，堕落的后果就一直在整个人类社会中传递，因此我们所有人误入歧途，这并不足为奇。我们所有人都表现出一定程度的可悲，这绝非一个特别偶然的事件，我们都是在源于原罪的环境中受到塑造的。任何一种否认我们的孤立、宣扬我们要团结的世界观，都抓住了真理的某些方面。任何一种能够解释我们的可悲，同时不否认我们伟大的世界观，便更进一层。任何对这两方面进行同等深入分析的观点，就做了哲学人类学这个特别领域应该做的一切。

帕斯卡尔断言，基督教神学以完全正确的方式完成了这一切分析。我们由于按照上帝的形象受造，所以能够认识上帝。我们因为堕落、有罪，所以不配认识上帝。但是我们能够被改变，使我们配得认识上帝。在这种能力上，可以看到我们的伟大之处。

适当的自尊、适当的自我价值感以及尊严，是我们绝大多数人一生中最难以企及的目标之一。我们有些人骄傲自大,另一些人则陷于绝望,还有许多人摇摆在两者之间,有时自我膨胀,有时自视甚低。帕斯卡尔相信,作为上帝的创造物,我们具有平等和无限的价值。作为罪人,我们切断了自己同上帝的关系,我们所有人都不配领受他的恩典。但是作为他永不止息的爱(这爱在基督身上展现了出来)的对象,我们所有人都被赐予了那份恩典。不幸的是,我们的回应却不相同。

在耶稣基督的故事中,我们看到上帝之爱的伟大、我们价值的伟大、我们状态的可悲,以及我们会彻底改变的前景。在新约对耶稣的描述中,我们看到了一种自我意识,这种自我意识既满有谦卑,又卓越崇高。帕斯卡尔认为,我们在这个人身上可以找到重要的线索,用以揭开自我的谜团,发现上帝的奥秘。我们对自我的认识会让我们认真地思考基督信仰的宣告。有些关乎我们自己的事情,若没有基督信仰的启示,我们就无从明白,而这一点恰恰见证了基督信仰的真理性。帕斯卡尔相信,基督教对人类状况的诊断,就是其真理性的记号之一,这是我们可以检验的。他还相信,还有很多显明基督教是真理的记号,现在,我们将转向其中的部分内容。

第9章　真理之记号

在《思想录》开始之前,帕斯卡尔给自己写下了这样的笔记:

> **顺序**。人们鄙视宗教。他们憎恨宗教,却又害怕宗教是真的。要纠正这一点,首先要指明宗教并不违反理性,而是值得敬重的。
>
> 其次要使宗教具有吸引力,让良善的人们希望它是真的,然后指明它的确是真的。
>
> 值得敬重,是因为它确实了解人性。
>
> 具有吸引力,是因为它应许了真正的善。(12)

帕斯卡尔意识到,很多时候我们只看到我们想看的。他相信,如果他能使我们确信没有上帝我们是多么可悲和完全没有指望,并说服我们相信基督教的主张极具吸引力,具有最精致、最微妙的洞见和应许,那么他也许能够克服许多人本性中对宗教世界观某些特征的抗拒,就能够打开我们的眼睛,让我们看到基督教真理拥有的证据。

人们鄙视宗教。他们憎恨宗教,却又害怕宗教是真的。这种憎恶似乎源出多处,但是都可以追溯到同一个根源。虔信的人在敬拜和顺服那位眼不能见的创造主时必须谦卑自己,在非信徒看来,这种态度在许多方面都令人反感。首先,信徒相信的是眼不能见的对象。没有公开的、可感知的与神的接触。神与世界也没有任何公开、可感知的接触,可以产生无可争议的证据,证明神真实存在。所以信仰的局外人很自然便会假定宗教信仰有悖理性。

其次,相信存在一位具有位格的创造主,我们是按照他的形象创造的,他的本性和行为定义了何为良善,就等于相信我们不再是自己命运的唯一主宰,我们的存在有一个标准的根基,我们最终要向与我们异质的终极权威交账。承认这样一个宇宙秩序,就意味着要放弃一个人的自主感,至少原则上是这样。对于珍视其自由独立的非信徒来说,这看上去像是生存层面上最懦弱的行为,是拒绝将命运掌控在自己手中,是推卸自己最重要的责任,是拒绝说“责无旁贷”。所有事物都与上帝相关,所有信徒都顺从那位创造主。多个世纪以来,人类不断与君权、独裁、不民主的集权和人为延续的权威抗争。在这种历史潮流下,宗教世界观就像是在最深的层面上欣然接受我们在社会制度中极力避免的东西,因此它似乎是一种倒退的、破坏性的力量,与整个启蒙后的现代人类发展方向背道而驰。而且,即使不考虑这些高调的反对意见,放弃自主感,就等于放弃随我怎么样都行的感觉、我们可以制定也可以破坏自己的规则的感觉。相信一位完全良善的创造主,他的本性和行为为我们提供了品格和行为的标准,在局外人看来,这会让他们受到很多限制。

第三,敬拜与顺从的整个态度看起来好像有悖于人类的尊严。有些人会说,相信一位完美上帝这样尊贵的存在,会让人的相对价值减小到几乎为零的程度。那需要视谦卑为人类根本合宜的态度,然而可能也没有什么比根本的、不容讨价还价的、恒久的谦卑意识距离我们本性的态度取向更为遥远的了。

人们正是出于这样的原因鄙视宗教。但是如果详细考察,就可以看出这些原因都是不成立的。帕斯卡尔认为,宗教根本无须与理性对立,反而是与理性非常和谐的。总的来说,也根本不应该认为,人们在绝大部分人类历史中为之奋斗的那种政治自由,与一位创造主的至高权柄有什么矛盾之处。相反,很多人主张,所有人都是按照上帝的形象造的,具有平等、永恒和无限的价值,符合这种信念的世界观最有可能产生民主。在这个世界观之外,建立政治的平等会更加困难。最后,基督教信仰所要求的个人谦卑,是所有可被视为基督徒美德之品格的源泉。这样的谦卑与邪欲的贪求相对立。帕斯卡尔认为,那种放荡不羁、自我欲望膨胀的生活毫无吸引力,也不能给人带来满足。他相信基督教信仰给我们提供了一条更有吸引力、更加充实的人生道路。

如果他能够使我们接受这种可能性,他就能够使我们接受那些可以证明基督教主张是真理的证据。在这一章,我们需要审视——不管多么简略——帕斯卡尔相信存在的许多证据。帕斯卡尔相信上帝不会不给自己留下证据。如果我们能够敞开自己,公正地思考这些证据,那么有许多真理的记号可以供我们考察。

如我们在前文中所注意到的,帕斯卡尔相信,基督教是真理的一个重要标志,是它对人性的描述和对人类状况的诊断。任何宗教都有三层概念结构:(1)对人类生活偏离正路的诊断;(2)理想的人类存在的概念;(3)拯救之路的详细说明,拯救之路就是从我们目前的困境到达理想状态的道路。一个宗教要想看上去是真的,要想看上去同现实有联系,就必须对上面这三个问题提出合理或明智的主张。帕斯卡尔似乎认为,可以从圣经的资源中创造基督教人类学,用来非常合理地完成诊断和理想化的任务。就基督教能够解释人类的可悲和伟大而言,就这一解释让我们内心感到很合理而言——在这种程度上,基督教人类学可以作为一个记号,表明基督教神学总的来说是真理。

但是基督教神学中的救赎之道,即人类得以完全(或者说重获完全)的关键步骤,其说服力又如何呢? 当然,基督教是围绕这一主张建立的:创造宇宙的上帝在拿撒勒人耶稣的降生、生活、死亡和复活中特别行事,为要叫所有通过耶稣和上帝建立关系的人,在信心和顺服中获得救恩。探寻基督教信仰整体上的合理性,很自然地就会探寻基督教信仰关于人类通向完全之路所持的主张。

在这里，帕斯卡尔暗示了一个相关的论证。我们可以称之为**成功论证**(the success argument)。他首次指出，基督要求我们放弃尽情享受人生的个人努力，转而相信他会把世界所不能给的各样好处赐给我们。但是我们能够摆脱欲望的奴役，不去贪爱这个世界吗？我们是否可能这样调整自己的生活呢？帕斯卡尔指出，借着传扬基督的福音，这事已经发生。基督在哪里被传讲，那里的生命就会发生改变，而且是巨大的改变。远在基督降生之前，伟大的哲学家柏拉图曾经力劝我们不要将自己的心思意念放在世俗诱惑上，而是要放在另一个更高的领域。但是相比之下，这位最伟大的哲学家的话起了多大作用呢？

> 柏拉图未能让几个精心选择的、受过良好教育的人相信的，一种隐秘的力量借几句话的能力就让无数无知的人们相信了。(338)

对比非常明显，这似乎可以表明，在基督教的信息中确实存在某种超自然的力量。

帕斯卡尔接着指出，基督教信仰不仅显著改变了人的生命，将人们从世界的捆绑中解救了出来，而且虽面临各种强大的反对，仍得以不断兴盛。帕斯卡尔以颇具说服力的气势写道：

世上所有的大人物,学者、贤士和国王,都联合起来。他们著书,他们谴责,他们杀戮。尽管遭遇来自诸方面的反对,那些纯朴的、无权无势的人们却顶住了所有势力,甚至使国王、学者和贤士也屈膝归信,还扫除了全地的偶像。这一切都是借着曾经预言此事的那种力量成就的。(433)

虽然他在这里勾勒的画面无疑是理想化了,但是却包含了大量的事实。在逼迫之下,基督教信仰确实往往很兴盛,甚至最后取得了胜利。帕斯卡尔说,在最困难的条件下基督教也能取得胜利,这当然是其作为真理的铁证。

但是我们在理解这种论证时,必须非常小心。什么样的成功可以视为真理的记号呢?让我们看一下早期基督教神学家展开成功论证的方式。例如在 4 世纪的圣阿塔那修最著名的《论道成肉身》中,我们就可以找到一些具有代表性的事例。谈及福音的非凡成功时,圣阿塔那修写道:

从前,全世界各处的人由于崇拜偶像,都迷失了正道。他们只将偶像视为神明。但是现在,在全世界各地,人们都在弃绝偶像迷信,在基督里寻求庇护,崇拜基督为上帝,通过基督认识他们过去不认识的天父。不可思议的是,虽然崇拜的对象各种各样,数量巨大,但是每一个地方都有自己的偶像,而且被某群人视为神明者,却无力进入邻近区域,让这些邻人也崇拜自己,甚至在自己的小圈子里也是勉强得到敬奉。没有人崇拜邻居的神;相反,每个人都坚持崇拜自己的偶像,认为它是万有的主。而在所有的民族中,基督作为独一和共同的上帝被崇拜,这是偶像无法企及的——它们甚至都不能够劝服近在咫尺的人,但基督做到了,不仅是近处的人,而且是整个世界,都在敬拜一位主,一位共同的主,而且通过他敬拜上帝,就是他的父神。(§46)

圣阿塔那修接着进一步强调这个观点,他问道:

曾经存在的教义中,有什么人的教义能够在各处兴旺,并且保持唯一性和相同性,从地的这极直到那极,以致对他的崇拜遍布全地呢?或者,如果基督如他们所说是一个人,而不是上帝和真道,那么那些地方的神明为何不能阻止基督在那里受人崇拜呢?(§49)

他总结说:

将这些事归结起来,就能看到救赎主的教义在各处如何日渐兴旺,而一切偶像和一切反对信仰基督的事物正在日趋衰落、失去势力。(§55)

他称之为"救赎主神性的明证"。

圣阿塔那修对福音在全世界取得成功的评估是相当乐

观的。以他在公元 4 世纪所说的话为依据,我推测他和他早期的读者期待着基督教会迅速在全地得胜,其他宗教都日趋衰落,用不了多久便会在世界上销声匿迹。但历史并非如此。现在仍然有印度教、锡克教、神道教、佛教、耆那教、自然宗教以及其他各种类型的宗教。自从基督的时代以来,伊斯兰教开始兴起,发展为一种世界势力,却主要在其发源地以外的地区进行活动。假设用纯粹定量的方法来看,成功论证本身并不成功,因为基督教的福音还没有将所有其他宗教消除净尽。如果这就是我们期待的真理的记号,那它一定不是那种必需的记号。

然而,对于成功论证还有一个更为精妙的解释,不会因反面事实而说不通,圣阿塔那修早期的部分作品表达了这一观点。为了与我们称为成功论证的量化解释进行对比,我们可以称之为成功论证的定性解释。到目前为止,在人类历史中,唯有基督教吸引了世界各种文化中许多人归信,在历世历代、世界各处成功改变了众多人的生命,在得到真诚信奉之处,对个人和社会都产生了某种程度的积极影响。其他所有宗教无论有多少归信者,都局限于某种文化中,也许只有佛教的禅宗具有普世的或者近似普世的潜在跨文化吸引力,但是它吸引的只是相对少见的一种人,大多数情况下是作为一种或一套心理技巧在个人身上产生效果,而不是作为一种向善的社会力量。

当然,自称为"基督教"的很多组织常常给人类社会带来有害的、甚至灾难性的后果。但是显然,这些组织如何远离道德常识的约束,至少同样远离基督的福音。不能用披着羊皮的狼的行为来论断羊。

但是,关于这一点,还有一个严肃的问题。假如像帕斯卡尔所相信的,基督教是真理,而且改变人的生命是基督教真理的记号,是其超自然的起源和大能的印记,那么基督教为什么没有比现在成功得多呢?这个问题问的不一定是它为什么没有完全取代印度教或其他宗教,而是它为什么没有更加引人注目地改变它确实拥有的或者似乎拥有的信徒的生命?

在第 366 则笔记中,帕斯卡尔写道:"每种宗教中的两种人。"接下来他写下"迷信"和"邪欲"这两个词。当然,帕斯卡尔本人作为一位有信仰的人,在这里并不是说在每种宗教中只存在这两种人:迷信的人和完全被欲望即邪欲控制的人。想必在各主要世界宗教的传统中,都有真正虔诚的人。但是除了这些人,每种宗教中都有人试图利用宗教行为来为自己的目的服务。正如我们今天所熟知的,骗子们涌入宗教组织,目的是利用这些机构、事工和在那里可以找到的极大的信任,这些人真是披着羊皮的狼。一个宗教机构的领导职位是近乎完美的伪装,可以掩盖操纵别人的自我膨胀。如果骗子经常与宗教人士交往,与容易相信的人接触,而后者倾向于在证据不足时假定别人无辜,就会不幸落入他的圈套。宗教为何吸引寡廉鲜耻之徒是显而易见的,这真令人遗憾。然而,这种事情还有另外一个角度。我记得十几岁时有一次我向父亲抱怨,似乎教会中有太多假冒为善的人。他的回答是："你是否能给他们想出一个更好的去处呢?"在信仰的环境中,和真正敬虔的人接触,他们真实的欲望总有可能会受到削弱。

每种宗教中还有另外一种人,这种人在生活中总是处处关心自己的得失,相信归信某个宗教并参加宗教活动就会带来神奇的效果,使自己变得发达。这些人在"和上帝做交易",用他们自己的方法利用宗教为自己服务。他们不想被改变,而是期待自己的宗教行为能够改变生活,满足自己的愿望。这其实是一种更为微妙的邪欲,是一种失去控制的欲望。即使他们心中有对上帝的爱,也完全从属于他们对自我的爱。迷信的人从不冒险,他们小心翼翼,不去冒犯任何宇宙规条,唯恐给自己带来任何损失。他们试图开发一切可能的方法,以欺骗命运或操纵未来。最后,他们的虚伪信仰善于操纵别人,就像一个披着敬虔外衣的十足无赖,虽然并不一定给别人带来负面的影响。

上帝创造了我们人类,并且赋予我们自由意志,在我们品格形成的过程中,他不会决然改变我们对自由的使用,这是基督教的传统信仰。我们可以自由地认同罪,从而背离我们为之而受造的真正灵性。这就是说,我们首先将自己置于放纵、错误的道路上,容许我们的欲望不受控制、漫无边际地疯长,以致我们滥用自由,结果没想到被世界和我们的欲望所捆绑,不管是什么样的欲望。基督教对我们的处境提供了正确的诊断,并提供了扭转或医治一切的救赎之路。它不是强加给你的另一条锁链。真正的灵性、真正的信仰永远都是可以自由进入的境界。由于上帝尊重我们的自由,他不会单方面将自己的意志强加给自己的受造物,所以大门是敞开的,迷信和邪欲也能进入宗教环境中,并在那里繁荣昌盛。因为人类是自由的——或者,更确切地说,因为在捆绑中我们有能力抵挡真理——所以即使终极真理确实进入了我们的世界,也不能确保或现实地预期它会赢得整个世界。

任何用于证明基督教是真理的成功论证,要恰当表述就必须调和上述这些认识。而且这样的提醒也能够使人不会反对使用此类论证。我相信帕斯卡尔对成功论证的认可是完全符合这些条件和限制的,因此任何一个真心探究基督教真理的人,都应该严肃地思考这个问题。

基督教声称向我们提供了上帝对人类最全备的启示。它还声称自己具有另一个重要的排他性:基督的上帝是独一的神;最终,与基督拥有正确的关系是与上帝拥有正确关系的唯一形式。这些都是强有力的宣告,令更喜欢其他宗教的许多人甚感不快。批评者经常提出一个反对意见,指出基督教的主题和宣告在世界宗教中绝非独一无二,由此得出,基督教不能发出与众不同的真理宣告。旧约的一些故事类似古代近东传统中的叙事。我们现在知道美索不达米亚的生殖崇拜信奉一位死而复活的草木神。而且,像黄金律(the Golden Rule)*这样的基督教道德伦理的典型原

---

* "你们愿意人怎样待你们,你们也要怎样待人。"(路6:31)——译者注

则,在其他不受基督教或犹太教影响的宗教传统中也可以
找到。其他的宗教传统也谈到拯救,嘱咐信徒去祷告,并且
传讲各自历史上发生的神奇事件。基督教一点也不独特,
虽然它主张自己的唯一性。这是批评者们通常得出的结
论。一般来说,他们下一步就是毫不犹豫地摒弃基督教信
仰是唯一真理的宣告。

　　这背后的推理似乎是这样的:如果基督教和早先存在
的宗教传统拥有一些相似的思想,而这些宗教传统的形成
未曾受到基督教影响,那么要么基督教信仰借用了其他传
统的思想,要么这些思想在不同的宗教中独立形成。如果
基督教借用了其他宗教的思想,那么其思想便不是来自上
帝,而是来自其他的男人或女人,其源头是人而不是上帝。
如果相反,这些思想既独立发展于基督教内部,也独立发展
于其他宗教,那么批评者又会断言,这是一个信号,表明这
些思想来自人,而非上帝的启示。基督教宣称,上帝已经将
人类状况的正确诊断、拯救之道以及人类生活应有的理想
启示给我们。但是如果基督教神学看上去不过是人类思想
终极问题的大杂烩,那么便没有理由认为,基督教超越其他
一切宗教,把握了此类问题的真理。这是批评者潜在的推
理,这种推理漏洞百出。

　　在一则短小而令人费解的笔记中,帕斯卡尔写道:

　　　　论基督教并不独特。

　　　　这远不能成为使人相信它不是真宗教的原因,相

　　反，这证明它就是真宗教。（747）

我们再次看到帕斯卡尔转败为胜的一个例子，反对基督教是真理的论据，却成为基督教是真理的记号。

　　在我们的时代，著名的基督徒作家 C. S. 路易斯（C. S. Lewis）曾经说，如果他为了成为基督徒而不得不否认其他所有世界伟大宗教中也有真理存在，那么他不可能支持基督教。路易斯和帕斯卡尔两人似乎都有这种想法：如果存在一位上帝，他创造了所有人，要让他们和自己的创造主永远在一起，那么人们应该期待，他在创造的时候，会赐给所有人认识他的能力，而且他会以某种方式，无论多么公开或者隐晦，让所有人都能找到自己。如果基督教是真实的，那么存在的这位上帝便是一位全然良善、大有智慧和能力的慈爱的拯救者。如果在我们目前的困境中有且仅有一条道路可以实现与上帝在永恒中的团契，那么我们起码应该期待，所有受造的人在今生都可以获得这个真理的一些暗示或者影响。如果通过基督其人，上帝向世界伸出了援手，如果基督教拥有上帝救赎人类最完备的启示，那么我们应当期待，基督教信仰中有一些原则，基督教叙事中有一些要素，关注、阐述和澄清了一些神圣真理的要素，这些要素在世界各地都可以找到。如果基督教的教导全然独特，那么它便是怪异的，而非普遍的，这就与其所描述的那一位要拯救所有失丧之人的慈爱上帝产生了冲突。如果基督教是真的，那么它并非全然独特就是预料中的事，不会被视为一个问题。

在圣经之外找不到启示并不是基督教的宣告。正好相反，使徒保罗表明上帝为自己未尝不显出证据来。基督徒不仅没有义务否认教会之外有真理，反而有义务拒绝教会之外没有真理的观点。

然而帕斯卡尔相信，就拥有从上帝而来的最纯正、最全备的启示而言，基督教是唯一可以**在整体上**被认为正确的世界宗教。在人类现有的宗教问题的道路中，如果一个理性的人寻求最可能引向全备真理的道路，寻求最可能引导人们和上帝建立正确关系的道路，那么帕斯卡尔相信，他应该把自己的生命下注在基督教上帝这边。

在帕斯卡尔所生活和写作的 17 世纪，人们还没有对不同宗教应该彼此尊重的观念，所以帕斯卡尔在区别基督教和伊斯兰教时会说："我想评判穆罕默德的并不是他的隐晦，可称为神秘感的东西，而是明显的东西，是他的天堂及所有其余内容。这就是他的荒唐之处，也是为什么不应该把他的隐晦当作神秘，因为他显明出来的是荒唐的。圣经则不同。我承认圣经中有一些隐晦之处和穆罕默德的一样奇怪，但是有些事情绝对清楚，预言显然实现了。所以这不是对等的竞赛。我们一定不要将它们混淆，当作同等的东西，它们只是在隐晦之处上相像，在为隐晦赢得尊敬的清晰之处上并不相像。"（218）同样，在帕斯卡尔的时代，那些诋毁伊斯兰教创立者的作家，也不会收到穆斯林领袖所发出的死亡判决。帕斯卡尔想要努力表达的要点是，并非所有宗教都是平等的。在紧接下来的笔记中，他继续说道：

> 别的宗教,例如异教徒的宗教,更受欢迎,因为它们
> 存在于外表,但这些宗教却不是聪明人的宗教。纯理
> 性的宗教可能更适合聪明人,但对于普罗大众却无甚
> 益处。唯有基督教适合所有人,因为它将外在和内在
> 结合在一起。(219)

显然,帕斯卡尔确信,在世界所有宗教中,只有基督教是出类拔萃的,唯独它拥有全部真理的记号。

几年前,一位负有盛名的哲学家从美国的另一个地区来访问圣母大学。这个人多年没有任何宗教信仰,但是后来他的生命经历了巨大的变化。在一次小型聚会上,我们研究生班上有个学生问他,那是如何发生的。有人告诉我,对于这个问题,他是这样回答的:在某个时刻,他感到自己有一种需要。他没有任何宗教信仰,便开始阅读世界上所有伟大宗教——印度教、佛教、伊斯兰教、犹太教和基督教等——的文献,大量阅读之后,他发现自己得出了结论:某种形式的犹太教——或是旧约的犹太教,或是基督的犹太教——是真理。进一步阅读和思考之后,他认为在基督犹太教(Christian Judaism)中——也就是说,在全备的基督教信仰中——能够找到最重要的真理。所以他最后成了一名基督徒。

帕斯卡尔相信,如果一个人考察了世界上所有的宗教,那么这正是他会做出的判断。基督教中可以找到最重要的

真理,真理也集中于基督教中。或者,用另一种方式来表达,帕斯卡尔似乎已经想到,一个正在寻求的无神论者,或一个正在探索的不可知论者,将会被引向这样一个结论:如果有一位上帝存在,那就是基督的上帝。当然,基督的上帝也是犹太人的上帝。因此,正确的术语应该是"基督犹太教"。基督教的信仰建立在犹太教信仰的基础之上,成为犹太人与上帝关系的历史的顶点。这种扎根于犹太教的现象,被帕斯卡尔看为指向基督教是真理的另一股力量,是总体证据体系中的一个部分。他认为犹太人在几个有趣的方面引人瞩目:

> 毋庸置疑的是,我们在世界的某些地方能够看到一个特别的、与世界其他民族分别开来的民族,这个民族就是犹太民族。
>
> 在世界各地及历史长河中,我又看到一些宗教的神,然而它们的道德未能让我心服,它们的证据也未能使我驻足思考。因此我应该拒绝伊斯兰教、中国的宗教、古罗马的宗教和埃及的宗教,因为它们之中没有哪种宗教比另一种宗教更具有真理的印记,也没有任何力量促使我来选择它。理性也无法使我倾向某种宗教,而非另一种宗教。
>
> 然而,在思考不同时代的风俗和信仰的变迁和多样性时,我发现在世界一隅有一个特别的民族,他们有别于世界上其他民族,他们是最古老的民族,其历史比我

们所知的最古老的历史还要早几个世纪。

　　然后我发现这个伟大的、人数众多的民族源出一人，崇奉一位上帝，根据一套律法生活，他们声称那律法是上帝亲自赐予的。他们坚持认为：他们是世界上领受上帝奥秘启示的唯一民族；全人类都已腐化，失去了上帝的恩宠，被听任受自己感官和头脑的摆布；由此在人类中间便出现了宗教和习俗的怪异偏差及不断变化，而这些人的行为却绝难改变；但是上帝不会将其他民族恒久置于黑暗之中，因此一位全人类的救赎者即将来到，他们在世上就是为了宣扬他；他们受到特别的创造，是为了做这一伟大事件的先驱者和传令官，来召唤所有民族与他们联合，共同期待这位救赎者的到来。

　　这个民族使我感到惊奇，似乎也值得关注。（454）

犹太民族当然令人惊叹——他们流散于世界各地，几乎在各处都遭遇逼迫，但是他们不仅存活下来，而且空前兴旺。在各行各业，在西方世界及国际舞台的几乎所有领域中，都有比例非常高的犹太人，位列最有名望和最有成就的人类文明贡献者之中。常常有评论说，犹太人似乎确实非常特别。从帕斯卡尔的观点来看，这是很重要的，因为它最终指向犹太人受到上帝的特殊呼召。

　　这一非同寻常的背景——犹太民族的历史——是基督教兴起的背景。帕斯卡尔相信，这应当受到我们的关注。他不仅觉得犹太民族的许多优点值得注目，而且认为即使是他们的弱点也关系到他们所传递的信仰信息的可靠。例如下面有关圣经的一则笔记。

> **犹太人的真诚**。他们怀着热爱之情忠实地传下来一部书。在这部书里，摩西宣告说他们终生对上帝没有感恩之心，说他知道在他死后他们会更加如此，他呼天唤地见证他们的不是，因他已无数次地警戒他们。
>
> 他宣告上帝终将恼怒他们，将他们分散在世界各处。既然他们崇拜根本不是他们的神的那些神明，惹动他的怒气，所以上帝也呼召一个非他子民的民族来激怒他们。他希望自己的话语被永远保存，他的书也置于约柜中，永远见证他们的不是。《以赛亚书》30：8也说过同样的话。（452）

帕斯卡尔说道，犹太人煞费苦心保存了一本令他们难堪的书，这当然值得我们关注。他们呈现给世界的，并不是描述他们最好一面的一系列文献，以期得到认可。纯粹从人的角度来看，保存和传递一个正面形象的描述，完全可以理解。但是犹太人保存和传递的这些构成他们圣书的文献，却完全是另一回事。帕斯卡尔的推理似乎是这样：这些文献得以保存下来，并不是因为它们讨人喜欢，肯定是因为它们的真实，它们因直接来自上帝而宝贵。

帕斯卡尔用了许多篇幅罗列旧约关于救赎主要来的预言。预言及其应验的主题，对他似乎非常重要，因为它们可以作为证据。新约的历史事件，虽然本身很不寻常，但不只是发生而已，它们在几百年前已经被预言。它们作为预言的应验而发生，因此证明原来有关预言的经文就是真理，它们源于上帝。

帕斯卡尔让我们关注预言，将预言理解为对将来之事的预见，这表明他的著作写于之前的世纪。我们这个时代有大量神学家和圣经学者抛弃了这种思想，认为它落后、过时。但是我相信，这种基督教真理的证据在传统上很重要，他们将之完全放弃是过于轻率了。然而我们必须承认，帕斯卡尔使用旧约的预言是建立在有关旧约文献来源和写作年代的假设之上，而这些假设受到当代圣经学者的广泛质疑。不过，尽管大学中的当代圣经研究非常关注历史，也做了大量艰苦的工作，但近年来常有哲学家指出，之所以大部分这种当代学术研究的结论不利于传统圣经文本的解释，只是因为它们假定了一种自然主义的或反超自然主义的世界观，这种世界观当然对拥有神圣启示或对自然世界的正确预言绝对持有偏见。解读圣经预言应验的主题，至少要求对圣经文本可能是上帝的默示持开放态度。如果一开始就排除圣经文本起源于上帝或者受上帝影响的可能性，那很难对旧约有关新约事件的预言做出合理的解释。但是，如果我们能持开放态度，认为圣经文献的人类作者可能受到上帝的影响，那么在这个令帕斯卡尔如此着迷的预言领域，我们就能甚感有趣。抄录《思想录》中相当长的一段笔记，至少会让我们略微明白帕斯卡尔是如何使用这一领域的：

> **在弥赛亚的一生中**。一个谜语。《以西结书》17 章。
>
> 他的先驱者。《玛拉基书》3 章。
>
> 他将作为婴孩降生。《以赛亚书》9 章。
>
> 他将诞生在伯利恒。《弥迦书》5 章。
>
> 他主要出现在耶路撒冷,并出生自犹大和大卫的家族中。
>
> 他要使智者和学者盲目,《以赛亚书》6 章、8 章、29 章、61 章,并向贫穷和卑微的人宣布福音,使瞎子睁开眼睛,使患病者恢复健康,带领黑暗中哀伤的人进入光明。《以赛亚书》61 章。
>
> 他会教导完美的道路,并成为外邦人的导师。《以赛亚书》55 章、42 章 1—7 节。
>
> 对于不虔敬者,预言是不可理解的,《但以理书》12 章,《何西阿书》14 章 9 节;但是对于那些受到恰当教导的智慧人,则是可理解的。
>
> 描绘他贫穷的预言也将他描绘为万国之主。《以赛亚书》52 章 14 节、53 章等,《撒迦利亚书》9 章 9 节。
>
> 预告时间的那些预言只是预告了他是外邦人之主并且受难,并没有预告高高在上的审判者。描述他的审判与荣耀的那些预言并没有指出时间。
>
> 他要成为世人罪孽的牺牲品。《以赛亚书》53 章,等等。

他要成为宝贵的房角石。《以赛亚书》28 章 16 节。

他要成为绊脚的石头,跌人的磐石。《以赛亚书》8 章。

耶路撒冷将要在这块石头上跌得粉碎。

匠人所弃的石头。《诗篇》118 篇 22 节。

上帝要使之成为房角的头块石头。

而且这块石头会变成一座大山,充满天下。《但以理书》2 章。

于是他被人厌弃、否认、出卖,《诗篇》69 篇 8 节;被人出卖,《撒迦利亚书》11 章 12 节;被人唾弃、殴打、嘲笑,多方受苦,被灌以苦胆汁,《诗篇》69 篇 21 节;被人刺伤,《撒迦利亚书》12 章 10 节;他的脚和手被人钉透,他被人杀害,人拈阄分他的外衣,《诗篇》22 篇。

而在第三天,《何西阿书》6 章 2 节,他将复活,《诗篇》16 篇。

他将升天坐在天父的右边。《诗篇》110 篇。

世上的君王将武装起来反对他。《诗篇》2 篇。

他在天父的右边,会胜过自己的仇敌。

世上所有的君王和所有的人都要崇拜他。《以赛亚书》60 章。

犹太人作为一个民族将继续存在下去。《耶利米书》。

他们将漂泊,没有君王等等,《何西阿书》3 章;没有先知,《阿摩司书》;盼望得救却找不到,《以赛亚书》。

耶稣基督对外邦人的召唤。《以赛亚书》52 章 15

节、55 章、60 章。《诗篇》71 篇。

《何西阿书》1 章 9 节："你们不作我的子民,我也不作你们的上帝。然而,以色列的人数必如海沙,不可量、不可数。从前在什么地方对他们说'你们不是我的子民',将来在那里必对他们说:'你们是永生上帝的儿子。'"(487)

这只是表明帕斯卡尔对预言感兴趣的一个例子。《思想录》有许多篇幅都是帕斯卡尔从旧约先知书中摘抄的段落。他显然认为这很重要。在另一处,他评论了耶稣的一生之后,补充说:

最荣耀的是这些事早有预言,所以任何人都不能说这是巧合。

任何一个生命只剩一个星期的人,都会发现,相信这一切只是巧合对自己没有什么益处。

现在,如果没有被欲望捆绑,那么一星期和一百年都是一样的。(326)

在另一段他竟然说:"关于耶稣最有力的证据就是那些预言。"(335)

帕斯卡尔认为圣经的预言如此重要,到底为什么呢?对于未来,任何人都可以侥幸一猜。虽然失败的可能性极大,但是确实有人买彩票中奖了。地方天气预报间或也会正确。科幻作家,甚至卡通作家有时描写了多年以后才会出现的事情。这个世界充满了说预言的所谓通灵之人。那么成功的预言或预示,与圣经的完整性以及基督教的神学真理究竟有什么关系呢?

答案非常简单。对于遥远的或者不太可能发生的某个事件,一次预言的成功可能是幸运的猜测,就像在黑暗中凑巧射中靶心一样。一个人做出的这种成功预言越多,我们就越不可能满足于巧合的解释。在某种意义上,我们不得不为这种成功假设某种解释,假设是某种关联、机制、能力或力量造成了原本极不可能的准确性。

> 预言。如果有一个人曾经写了一部书,预言了耶稣基督到来的时间和方式,并且耶稣基督到来的情况与这些预言竟然吻合,那么此书就无比重要。
>
> 可是还不止于此。四千年之久,不断有人持之以恒、始终如一地相继预言基督的到来。整个民族都在宣告这件事,四千年来他们集体见证自己确凿相信之事,无论遭受何种威胁与逼迫,他们都不偏离。其重要性完全不同。(332)

考虑到这里的声明过于夸张,那么即使减少其宣称的时间跨度,要点仍然成立:在不同时间由不同的人做出的预言汇合在一起,最终在耶稣这样一个杰出人物的一生中得到应验,这一点迫切需要非同寻常的解释。帕斯卡尔认为,最合理的解释就是上帝参与了预言及其实现,因此给了我们额外的依据,以接受耶稣是上帝的终极启示。

除了上帝的启示,关于未知的未来,还有什么能够让哪个人或哪个群体可靠地预言极不可能的细节呢?在我自己的一生中,我就认识几个聪明、真挚且非常诚实的人,他们声称做过异梦或见过异象,内容是非常具体、原本完全预料不到的事件或一系列事件,结果后来都一一实现了。在向我述说这些不寻常的事件时,那些描述自己做异梦或见到异象时的状态的人,都无一例外地谈到他们自己参与这些事件的方式非常被动。"一个声音对我说",或者"一个清晰的梦临到我",或者"我看到了一个东西,然后它消失了"。这些人不是职业的巫师,也不是算命的,而是拥有一次或多次超常经历的普通人。每个事件都找不到令人满意的、合乎自然主义的合理解释。没有线索或者迹象表明潜意识发生了作用。我们无法假定有任何自然机制把未来与现在联系在一起。告诉我拥有如此经历的每一个人,在试图明白这怎么可能发生的过程中,最终将之归结为上帝的作为。因为,大概只有像上帝这样的存在——我们受限于现在和不断消逝的过去,但是他的存在和知识不受限制——才能知道未来的细节,并将这些信息传达给他们。许多亲自一瞥未来的人将这些事件归因于上帝,他们的思路很容易让读者去关注圣经中的预言,并以为这是显明上帝参与其中的颇具说服力的事例。

无法否认,对于任何对圣经预言感兴趣的人而言,圣经学术研究已经把水搅得一片浑浊。许多批评家质疑作者、写作时间、写作意图和意义,他们批评对旧约文献中据称是预言经文的传统处理方式。这就使得当代寻求真理的人们更难以像帕斯卡尔那样看重这种思路。

帕斯卡尔也许会批评那些批评家,质疑那些质疑者,并且正面抨击今天在圣经研究的学术工作背后存在的自然主义或者反超自然主义的预设。但是努力猜想和描述这场辩论如何进行的细节不是本章的目的。我只想略述帕斯卡尔在证明基督教拥有真理的记号时所采取的各种思路。评估当代圣经学术的说服力与影响,远远超出了我们的范围。但是,我应当提醒读者,近来的研究成果并不完全正确,这些研究本身也会提醒我们,帕斯卡尔对此关键环节的论证也不完全正确。任何思想,如果仅仅基于反对超自然的偏见便对预言的可能性不予考虑,对于那些寻求有关超自然终极问题之真理的人来说,本身便不值得考虑。然而,鉴于周边复杂的历史争议,我们可能会发现帕斯卡尔引起我们关注的其他证据更具说服力。

帕斯卡尔相信在耶稣的生平和教导中,有许多关于他不寻常身份的记号。例如:

> **耶稣基督的证据**。耶稣如此简单地说明伟大的事情,仿佛他从来不曾思考过;却又如此明晰,显然他曾经思考过。如此明晰又如此简单,真是奇妙。(309)

后来他又补充说："如此非凡的教导,前无古人,后无来者。"
(325)帕斯卡尔把耶稣教导的性质视为他神性的记号。

　　另一个记号是耶稣行过的神迹。数世纪以来,耶稣所
行的神迹被视为证明他具有神性的重要部分。但是,像预
言一样,神迹也被现代世界中的许多人怀疑。在 18 世纪,
苏格兰哲学家大卫·休谟将神迹定义为违反自然律的事
件。在该定义的基础上,他认为,就我们所知的神迹而言,
神迹故事是虚假的可能性总是大于自然律被违反的可能
性。休谟相信,只有当我们拥有最有力的证据,表明事物始
终如此运行时,我们才能将关于自然运行的信念称之为"自
然律"。因此,休谟认为,一些断言违反自然律的事件,不可
能比自然律本身拥有更多的证据。一个自然律可以用下面
的形式来表达:"只要当某事物具有 A 特征(或者处于状态
A)时,那么它就具有 B 属性(或者处于状态 B)。"或者,"只
要事件 C 发生,事件 E 就会发生"。这样,一个神迹意味着
一种情况,其中必需的 B 没有伴随 A 出现,或者 C 的发生并
没有带来惯常的结果 E。但是休谟指出,证明 A 总是与 B
相伴以及 C 总是带来 E 的任何证据,都证明了见到没有 B
的 A 或没有 E 的 C 的声明是不可靠的。因此,一旦形成了
律,我们就很难指望得到足够的证据说发生了对它的违反。
一个神迹如果没有令人满意的证据,相信神迹故事就是不
合理的。因此,休谟的追随者得出结论:合理地相信神迹发
生过是不可能的。

　　一些受到休谟影响的人竟然称神迹是"不可能的"。他

们说,自然律告诉我们自然运行的方式,而宣称神迹就是说自然没有以自然运行的方式运行,这就是在宣称一种不可能。其他人说,从科学角度看,相信神迹不值得尊重。他们说,科学的世界观认为自然界的一切都有一个规律的、自然的原因,不这样想就是放弃科学。所以他们得出结论:相信神迹是不科学的,甚至是反科学的。

休谟对神迹的批评,以及它给现代世界留下的遗产,造成了极大的影响。因为这个原因,许多真心实意研究圣经的学生试图在阅读时绕过神迹故事,并尽力构建一种除去神迹故事的基督教信仰,但是大可不必如此。因为也有许多批评家批判休谟,指出在他的论证及其前设中,以及被其追随者擅用的论证方式中,存在许多缺陷。

我刚刚略述了休谟式推理的一个方面,这已足够达到我们的目的。从帕斯卡尔式的观点来看,休谟自从一开始对神迹下的定义就不正确。帕斯卡尔和绝大多数非常严谨的基督教思想家都不会把神迹定义为对自然律的违反,而是定义为一种事件,这种事件超越了牵涉其中的受造物的自然力量。如果我们想从自然律的角度来思考,就可以说神迹**超越**了自然律,而不是**违反**了自然律。假设"哪里有 A,那里就有 B"是一个定律,有神论者总是认为这些定律仅限于自然界,所以此类定律的完整表述应该是"哪里有 A,且在 A 之外没有别的,那里就有 B"。或者说"哪里有 A,如果上帝不朝相反的方向干预,那里就有 B"。但是在神迹中确实有上帝的干预,造成了超越自然力本身的结果。所以并不是自然律遭到破坏,而是自然律暗含的独立条件没有得到满足,所以才没有生效。自然律展示给我们的,不是绝对的"自然运行的方式"。它们不过描述了在上帝没有为自己的目的让事物超常发展时自然运行的方式。也许另一种表达方式是这样:上帝创造的事物具有能力。自然律告诉我们,当这些事物按照各自的力量运行时会发生什么。在神迹中,神圣力量产生的事件,超越了参与该事件的受造物的自然能力。这既不矛盾,也并非不可能。也没有理由相信,这种事件不可能存在有力的证据,或没有充分的依据来接受这种事件发生过。

帕斯卡尔因此严肃对待新约中的神迹故事,并且认为它们是真理的重要标志。他知道存在许多虚假的神迹故事,很多谨慎的人便因此犹豫不决,不愿意接受任何神迹叙述为真。对于这种担忧,他有一个有趣的、独特的聪明回答。试想真药和假药:

> 我们相信那些宣称自己拥有治病良方的江湖郎中,甚至常将自己的生命交付他们。思考之后,我觉得真正的原因似乎就在于,他们中间有些人是真正的医生。假如他们中间没有真正的医生,那么就不可能有这么多冒牌医生享有如此信誉。假如任何疾病都不曾有医治之道,假如所有的疾病都无法救治,人就不可能想象他们可以提供任何救治之道,更不可能有那么多人去相信那些吹嘘拥有救治之道的人。与此类似,如果一

> 个人自吹能使人不死,没有人会相信他,因为没有发生
> 这事的先例。(734)

把这一点应用到神迹中,他推论说:

> 因此不要因为存在许多假神迹就得出没有真神迹
> 的结论;相反,正因为存在那么多假神迹,才肯定存在
> 真神迹,之所以有假神迹,是因为有真神迹。(734)

帕斯卡尔认为,我们有非常充分的理由相信新约中记
载的神迹是真实的。新约的文献从许多方面展示了一种非
同寻常的历史。首先,叙述事件的那些人,愿意因为相信这
些事而被处死。帕斯卡尔说:

> 我只相信那些其见证者愿意为之赴死的历史。
> (822)

这当然是夸张的说法,但是的确指出了重点。不论什么时
候,一个事件的见证人如此确信自己见证的故事及其重要
性,以至于面临死亡及立刻被处决之威胁仍然不收回他们
的见证,我们当然要予以关注。如果没有非常可靠的公正
理由,我们便很难怀疑他们的见证。向世界宣讲耶稣作为
的那些人,正是这样。他们都生活在逼迫和死亡的威胁之
下,许多人为了他们的信仰而殉道。他们对耶稣所行神迹

的见证,应当受到严肃对待。

帕斯卡尔认为,福音书作者给我们描绘了一位在许多方面都值得关注的人。他曾问道:

> 是谁将一个完美的英雄人物所具有的种种品质教导福音书的作者们,以致他们能在耶稣的身上描绘得如此完美呢?在他们的笔下,他在受苦时为什么要表现得脆弱呢?难道他们不知道如何描绘英勇赴死吗?不,他们知道,因为在同一位路加笔下,司提反之死相较耶稣之死要英勇得多。
>
> 在他们的笔下,他在死亡成为必然之前感到恐惧,然后变得完全坚强起来。
>
> 但是他们表现他如此忧伤之时,是他令自己忧伤之时;而当人们令他忧伤时,他却毫不动摇。(316)

新约圣经对耶稣的非凡描述,不像是他的极其平凡的门徒的杜撰,也异于人们对庆祝胜利的宣传的期待。它带着真理的记号。

神迹是这些叙事的一部分,它们伴随整个叙事,分享其背景的可信,因此应该受到认真对待。

当然,最不同寻常的神迹是耶稣从死里复活,不同的圣经作者以不同的方式讲述了这件事。使徒,也就是耶稣的主要追随者,曾经因耶稣的受难而受到惊吓,分散各处。但不久他们就勇敢地宣称上帝已经让耶稣从死里复活,证明

了他的特殊身份和使命。他们宣称耶稣向他们显现数周之
久,和他们一同行走、吃饭,打消了他们所有的疑虑,并且给
他们特别的吩咐去进一步开展他的工作。他们见证这样令
人瞠目结舌的一件事,或者说一系列事件,可靠吗?帕斯卡
尔希望我们能够认识到,如果我们拒绝承认他们的见证,我
们就会陷入不能令人满意的两难之中。他是这样表达的:
如果我们假设他们的描述是假的,那么我们不得不做出以
下结论:

> 使徒们要么受骗了,要么就是骗子。这两种推测无
> 论哪一种都很难理解,因为不可能想象一个人从死里
> 复活。
> 当耶稣和他们在一起时,他可以支持他们;然而在
> 这以后,如果他没有向他们显现,那么让他们行动的又
> 是谁呢?(322)

如果使徒有关耶稣的叙述是虚假的,那么,要么他们相信这
一虚假的叙述,因此是被骗的;要么他们知道这是虚假的,
因此是骗子。这两个选项各有多大的可信度呢?

首先,考虑一下耶稣的追随者被骗的说法。此类事件
从来没有发生过,但是他们却错误地相信他的神迹和复活。
按照这种推测,他们只是自己搞错了。但是,错误这个概念
有某些有趣之处。我可能沿街行走时以为看见一个老朋
友,但走近时发现认错了人。今天是星期五,我可能错误地

相信今天是星期六。我可能犯一些极大的错误。我们都可能犯一些极大的错误。但是错误也只能这么大了。我不可能错误地认为,在我办公室的窗外有四百一十九头粉红色和紫色的大象悬在半空。我不可能错误地认为自己拥有十二只胳膊。

使徒们详细地叙述了在耶稣受死埋葬之后,他们与复活的耶稣相遇的情形。对于这样的叙述,如果那些蒙爱的门徒回应说,"冷静些,亲爱的,这只是你们的想象而已",你是否认为更有道理呢?帕斯卡尔说,想象一个人从死里复活是不可能的,这件事太过极端,不可能是一个错误。公元1世纪的犹太教文化也没有这样的期待,即上帝使一个人从坟墓里复活,进入一种新的但又可以辨认的生命形态。幻觉似乎也不合理,不断重复出现的集体幻觉更不合理。严格来说,帕斯卡尔认为这种推测完全不可信。

那么其他的可能性又如何呢?如果使徒们的见证是虚假的,那么他们所有人在这样非同寻常的事情上被表象欺骗,是完全不可能的。帕斯卡尔指出的另一种可能性就是,他们从来没有相信过自己所讲的耶稣的故事,他们不过是骗子而已。这个假设的可信度如何呢?帕斯卡尔在另一段文字中写道:

> **耶稣基督的证据**。使徒是骗子这种假说很荒谬。让我们寻根究底,设想这十二个人在耶稣死后聚在一起,密谋策划说他从死里复活。这意味着攻击当时存

在的一切势力。人心总是特别容易三心二意、变化无常，容易受到许诺和贿赂的影响。只要有一个人在这些诱因下或由于可能的监禁、折磨和死亡而否定他的故事，那么所有人的故事就都失败了。让我们探究一下吧。(310)

撒谎是一项艰巨的工作。当你撒谎时，没有事实来支持你。当你撒许多谎时，一个谎言建立在另一个谎言的基础上，你便把自己置于一个更加糟糕的困境中。这样的欺骗不仅需要想象力，还需要超凡的记忆力。绝大多数人都很难记住确实发生过的事。当我们遗忘时，通常可以依靠事实遗留下来的痕迹——足迹、文献、别人记忆中的印象——来判断。但是当我们编造另一个事实，编造一段和实际发生过的事情相反的历史时，对于自己所说的事，我们就只能依靠自己的记忆力了。

建立在谎言基础上的阴谋更加脆弱。这一开始就是一种超级古怪的协定——一些不同的人聚在一起，编造一个故事，都同意撒谎，每个人都发誓不违反约定，都不讲真话。他们都是骗子，这一点对于他们的协定很重要，但是你究竟在多大程度上可以相信骗子会遵守协定呢？基督的使徒们在他死后聚集在一处并达成这种协定的任何假设，尤其令人难以相信。使徒们是一些普通人，来自重视真相的各行各业；他们曾经和一位有非凡魅力的领袖长期共处；绝大多数非信徒都认同这位领袖是历史上最伟大的道德教师之一;难道他们竟会在自己的领袖死后,为了继承他的遗业,聚在一起一致同意讲述关于他的弥天大谎吗?这实在匪夷所思。帕斯卡尔指出,更糟糕的是,随着事态的发展,他们从这些谎言中得到的很少,失去的却很多。他们当中只要有一个人崩溃,整个阴谋就会被揭穿。而且他们当中每个人,由于知道其他人在说着违反本性的谎言,当然会怀疑有人会崩溃,于是就更愿意讲出真话,减少自己的损失,在压力和迫害不断升级时疏远其他人。更何况,别忘了我们正在讨论的信息本身便强调行在真理中的重要性。认为基督的追随者不过是些骗子的假设,与我们所知的一切——关于这些人,关于他们的环境、他们传讲的信息以及人的心理——都极不相符。

如果推测基督最初的见证人受骗了并不合理,假设它们是骗子也不合理,那么我们便必须拒绝让我们做这个选择的假设——使徒们有关耶稣行为的叙述是虚假的。这就是说,让我们相信他们既没有受骗也不是骗子的任何理由,也是让我们接受他们的见证、神迹叙事和一切是真实的理由。用一句话止息风暴,医好天生瞎眼的人,用一点食物让很多人吃饱,用一句话或者触摸医治病人,甚至救他们脱离死亡,自己受难后从死里复活以及改变形体,如果此类超凡事件是基督生平的特征,我们当然拥有大量表明他特殊身份和使命的记号,它们需要被认真对待。

在整个基督教思想史中,基督的神迹经常被视为基督教神学是真理的标记,特别是基督拥有神性的标记,他从上帝那里作为一个人来到我们中间,拥有人性和神性两种属性的说法是真的。但是在不可思议的作为和可靠的断言之间,到底有什么联系呢？为什么像神迹这样令人震惊的事件,应当引导我们接受神学的宣告呢？

如果想理解这些事件的意义,如果要解释这些事件究竟是如何发生的,我们就不得不认为基督拥有超越人性的能力或知识。如果这些事件有一种独特的神学解释,可以最有效地解释行事之人教导的内容,以及这些事件的背景,那么我们就可以合理地把它们看作真理的证据,即解释它们的那种独特的神学主张是真理。这种神学主张就是:耶稣与神性所独有的能力和知识的源头有特别紧密的联系,或他自己在某种意义上就是上帝。

我自己有很多年并不明白神迹到底如何可以被作为上帝真理的记号,直到我遇见一个极不平凡的人。就读耶鲁大学的第一个学期,我曾和两个研究生一起住在一个度假屋里,这个度假屋位于一片占地七英亩的树林中。一天,一个邻居来向我们介绍自己,说在我们搬来的前一晚,他发现一帮飙车党在我们两家房子之间的树林里宿营,他出现并把他们劝走的时间是凌晨三点。他解释说,自己由于战争留下的旧伤,夜里不能入睡时便常在林子里闲逛、打猎。他解开风衣,给我看装在肩挂式枪套里的.44马格南长管手枪,那是他随身携带的。他眨眨眼睛,微笑着补充说:"有时这会让银行的工作人员有点紧张。"

其后的拜访和我提的问题使他又讲了一些战争的故

事,这些故事绝对是电影的好素材。他曾在一个特种部队接受所有相关武术的训练。他可以从远处用任何尖状物杀人——圆珠笔或者二号铅笔都行。第二次世界大战后,这个特种部队中只有他和一个肖松尼族的印第安人幸存下来,而那是他被一辆坦克击中之后的事了。我受邀触摸了一下这个熊一般的男人肩膀上的一个洞,而故事也变得越来越具有戏剧性。他在敌后空降,挥刀剖开了腾空跃起的德国军犬的肚子,用琴钢丝捕获并除掉了几位纳粹军官。各种策略、侥幸脱险还有激动人心的逃亡,比电影精彩得多。一天我看到他的小卡车前面的保险杠上挂着一个大奖章,上面刻着康涅狄格州一个镇的名字以及"荣誉警督"的字样。我问那是怎么回事。

"噢,这不算什么,汤姆,几年前的一天,我在街上开车时,看见一幢房子后面有四个人正把一个警察按在地上猛打。哦,我不能让这样的事情发生,所以我下了车,阻止了这件事。市长觉得我帮助他人脱离困境,是一个好人,所以就给了我荣誉警督的称号。"

我问:"那四个人后来怎么样了?"他回答说:"他们在医院里待了很长一段时间。"

故事越来越精彩,我开始怀疑这些故事是否都是真的。它们远远超越我听过的或在大屏幕上看过的战争或间谍故事。到了某个点上,任何人都不能确定这一切是否可能都是真的。

然后,有一天我坐在户外的平台上弹吉他时,被我所见过的最大、最吓人的黄蜂蛰了一下。这一蛰疼痛无比,我左侧小腿肚上被蛰的地方立即开始红肿,我也开始头晕目眩起来。一两分钟之内,我已无法行走,疼得特别厉害,肿起来的包也特别大,同屋的人不得不把我背到邻居那里,好搭车上医院。打开门时他看着我的脸说:"天啊!汤姆,你怎么了?"在他领我们进屋时,我们很快地做了解释。

他指着我们旁边的扶椅说:"坐下。"我痛苦地坐了下去,想着他会去拿钥匙,但是他却看着我的眼睛说:"不要有任何担心。我要做些事来帮助你,但是你可能不想看。"但我想看,我是一个哲学家,有不可救药的好奇心。他蹲在我前面,一边拽着我的脚、把我的腿抬高并支在他的膝上,一边说:"我们得把你的腿伸开。"然后他结实的双手握在一起,大拇指朝上,猛地用力挤向我的左腿窝,他的力道如此之大,我都觉得自己的膝盖要跳到天花板上了。(只是在今年,十六年后,我才觉得左膝稍有不适。)接着他用大拇指用力刮我的小腿肚,大概两三次,然后他抬头说:"站起来,过几分钟你就会好了。"

在没人帮助的情况下,我站了起来,几乎没有任何疼痛感。我把身体的重心挪到那条腿上试了试,一点也不痛!我往下看,惊讶地发现肿块差不多消失了,原来鸡蛋大小的肿包只剩下了一个小疙瘩。他问我:"你好了吗?"我好了,也相信了他所有的故事。

我问他:"你是怎么做到的?"他回答说:"这只是夜间跳伞有人倒霉时我们需要的一点雕虫小技。我们得什么都能修好。"从那以后,我不再怀疑他讲的任何故事,无论它们多么令人难以置信。

不久之后我认识到,那天下午发生的事如何增加了他所有精彩故事的可信度。对于耶稣的教导和早期基督徒有关他的不同寻常的宣告,神迹应该具有相同的作用。两者之间是有联系的,不寻常的行为证实了不寻常的故事。如果为了对惊人之举做出解释,你不得不假定一个人与普通人无法企及的知识和能力的源头有联系,而要使有关这人的主张听上去可信,需要的正是这种罕见的地位,那么目击那种作为,或者从非常可靠的来源听到那种作为,都能增加故事的可信度,甚至能消除所有的怀疑。这就是在我和邻居身上发生的事,也就是帕斯卡尔相信我们评判耶稣时会发生的事。如果我们能够认识到,圣经的作者都是值得信赖的见证人,为了他们所传讲的真理,他们甘愿冒生命危险,那么我们就能接受他们叙述的神迹,并且接受他们,接受耶稣在上帝的启示和拯救中的独特身份。

帕斯卡尔相信,当我们严肃地对待新约关于耶稣的描述时,就会发现大量的证据来认识他独特的身份。不容忽视的一个关键证据是已故的 C. S. 路易斯根据帕斯卡尔的精神发展出的一个思想。路易斯厌烦了听同事们承认耶稣是一个伟大的道德教师,却带着轻蔑拒绝基督教的核心宣告,即耶稣是道成肉身的上帝、宇宙之主。

使用类似帕斯卡尔论证使徒见证之可靠的逻辑,路易斯让我们注意新约中耶稣的自我介绍。耶稣以许多方式——有时微妙,有时不甚微妙——表明自己与天父上帝拥有独特的关系,他拥有神圣特权,拥有上帝的身份。他从来不曾说过:"我是上帝。"在公元 1 世纪的犹太教文化中,这么说的人活不了多久,那是亵渎上帝。在我们自己的文化中,如果有人这么说,我怀疑我们是否会认真对待他所说的任何其他事情。那人肯定是精神失常了。但是耶稣用这么多的方式展现自己是上帝,他赦罪(这是上帝独有的特权),还说这样的话:"还没有亚伯拉罕,就有了我。"他用旧约经文的预言道出了自己生命的特征。所以,路易斯论证说,他彰显自己就是上帝。在这种情况下,只有三种可能。

第一种可能,让我们看看,如果我们假定他的自我宣告是错误的,事实上他并不是上帝,他要么知道自己的真实身份,要么不知道。如果他不是上帝而且知道自己不是上帝,然而却如此宣告,那么,路易斯说,他就是一个骗子——最坏的那种骗子。他要求人们舍弃旧生命来跟随他。他呼召别人为他的名作出极大的牺牲。如果他知道这一切都建立在彻底的谎言之上,却以此谎言引诱人来跟随他,那么他便是最坏的骗子,为了他所知的虚假之事,牺牲了许多可怜人的性命。

但是这种可能性有多大? 如果耶稣被公认为历史上最伟大的道德教师之一,我们怎么能够支持一种假说,说他将一切建立在最无耻的谎言之上? 这似乎荒谬绝顶。

假设他的自我宣告是错误的,还有另外一种可能,就是他确实相信自己这个错误的宣告,所以他根本不是一个该受谴责的骗子,他只是对自己有错误的认知而已。但是请回想前面提到的错误概念。一个学生可能误以为自己是班上最聪明的学生。一个学生甚至可能相信自己是这所大学有史以来最聪明、最有音乐天赋或最具运动才华的学生——合乎情理,却是错误的。但是他不会合理却错误地相信自己是道成肉身的上帝。人不可能犯那样大的错误,我们错不到那个程度。如果耶稣不是上帝,但是却有如此扭曲的自我认知,以至于认为自己是上帝,特别是在公元 1 世纪犹太教一神信仰的背景之下,路易斯说,那他就可以和一个认为自己是水煮蛋的人相提并论。换言之,他已经不是自大狂,而是陷入了完全疯癫的状态。路易斯说,在这个假设下,耶稣显而易见是个疯子。

但是,这远非我们所知的新约中大有能力的耶稣,亦非我们所认可的那位伟大的道德教师。宣讲登山宝训、服侍自己的门徒、帮助弱势群体、教导关于人性的永恒真理——这样的人根本不是疯子,这个假设也完全不可信。

但是,如果他的自我宣告是错误的,那就只有以上几种可能。要么他知道,那么他就是一个骗子;要么他不知道,那么他就是一个疯子。要想回避这个困境,否定导致这一困境的假设——他的自我宣告是错误的——就够了。而否定这个令人不快的假设,便要承认他的宣告是正确的,也就是要承认他终究是世界之主。"骗子,疯子,主":这三种可能经常被称作路易斯三难困境,因为一个还不是基督徒的人,通过审慎的思考,会发现这三种可能都令人无法接受。

路易斯希望我们能够支持理性上最不让人反感的结论。他认为证据最为合理的结论,就是植根于耶稣的自我宣告不仅诚实而且理智的结论,就是与我们考查过的与所有其他证据相符的结论,即耶稣曾是、现在也是:基督、弥赛亚、人类的救主、上帝对人类最重要的启示、所有人的主。如果我们能够顺着我们掌握的所有线索去寻找,如果我们留意世界上可以找到的所有真理的记号,帕斯卡尔认为,这就是我们将要得出的结论。

第 10 章　信仰与心灵

我听过有人称帕斯卡尔为"非理性主义者",并认为他是"神秘主义者"而轻蔑地拒绝考虑他的观点。这些人有的是因为听说过帕斯卡尔经历的"火之夜",有的是因为误解了他著名的赌注理论,还有的则根本不知道他对证据的关注。那些只相信理性的人经常认为帕斯卡尔是理性的敌人。到目前为止事情应该已经很清楚,帕斯卡尔非常注重理性在人类生命中的意义,但是也认识到理性有其局限性。

他煞费苦心地列出各种证据。他认为,任何人如要寻求了解像基督教神学主张这样的终极真理,都是可以发现这些证据的。然后他写了下面这段话,表达自己对这些证据的总体看法:

> 我们宗教的预言乃至神迹与证据,并不具有绝对令人信服的特质,然而我们也不能说相信它们是没有理由的。这样便既有证据,又有遮蔽;既可以照亮某些

人，又可以蒙蔽另一些人。然而正面证据超过或至少相当于反面证据，因此决定我们反对它的并不是理性，而只能是内心的邪欲或恶意了。因此便有足够的证据可以定罪，却没有足够的证据可以说服。所以显而易见的是：那些追随它的人之所以追随是出于恩典而非理性；而那些回避它的人之所以回避是出于邪欲而非理性。（835）

我相信，这段信息对我们了解帕斯卡尔、了解我们遭遇这些终极问题时面临的挑战非常重要。它包含了三个主题：（1）证据的平衡；（2）恩典在顺从基督之道者的生活中扮演的角色；（3）邪欲在逃避基督之道者的生活中扮演的角色。恩典一般被认为是上帝白白施与我们且我们不配得的作为，是一种呼召我们或吸引我们转向上帝的超自然的影响力。如果我们选择让恩典在我们里面工作，它能够在我们人格的最深处运行。在帕斯卡尔的理论中，邪欲属于不受控制的欲望，它只关注自我，寻求满足自己永无止境的欲望。总的来说，一旦我们摆脱上帝，就不再能够正确控制或者限制欲望来真正实现自我。我们寻求支配自己的生活，反被生活所支配。我们选择控制自我的欲望，却被欲望所控制。

　　帕斯卡尔相信，世界上现有的可以证明基督教神学是真理的证据，至少和似乎存在的反证一样具有说服力。但是他也认为，证据不足以使我们选择任何一个方向。那些离开上帝的人之所以这样做，是因为邪欲；那些转向上帝的人之所以这样做,是回应恩典的呼唤。真理的记号在我们身边随处可见,从理性的方面足以支持信仰的生活,但是还不足以吸引那些不寻求了解真理的人。

但是如果这就是关于证据所能说的一切,那么让我们关注证据有何意义呢?为什么帕斯卡尔如此详述这些证据,并使用如此精妙的方法来论证呢?首先,他这样做是在清理信仰道路上不必要的障碍物。各种思想难题或困惑对我们留意上帝的呼召构成了障碍,人们在这些问题上绊跌,所以必须清理路障,这样,他们所做决定的真正本质就会显明出来:他们要么立志寻找并追随上帝,要么生活在完全依靠自己的世界中。这是证据或哲学论证能够完成的消极任务:一种清除路障的工作。但是还有一项更加积极的工作。

按照圣经,我们要尽**意**(minds)爱上帝。宗教信仰不应该与智性生活分割或分离。帕斯卡尔向我们展示了一个基督徒可以怎样用自己的心智(mind)来回应上帝。基督教不只涉及智识,不只是一种人生哲学,但它的确要求我们尽己所能来使用我们的心智。只有当真正搞清楚困扰我们的那些问题,并将注意力集中在现有的所有真理记号上时,我们才能做到这一点。

但是,正如审视证据不足以使人成为基督徒一样,它对基督教信仰也不是一种必需。我们知识分子非常看重证据和论证,但是帕斯卡尔说:

看到普通人不加推理就能相信,你无须惊讶。上帝

> 使他们爱上帝并恨恶自己。上帝引导他们的心,使他
> 们相信。假如上帝不引导我们的心,我们永远不会真
> 实地相信;只要上帝引导,我们就会相信。(380)

帕斯卡尔在这里谈到上帝让普通人"恨恶自己"时,我相信
他希望人们解读为上帝让他们憎恨自己的自私,恨恶那种
孤立和自大的自我倾向。在下一章我将就这个问题进一步
展开讨论。在这里我希望集中表明,帕斯卡尔承认没有哲
学论证、没有证据收集,宗教信仰也能深入人心。但是,这
并不是否认此类推理活动能够在许多聪明人的信仰中发挥
至关重要的助力——这些人个性如此,没有这些理性推理,
他们要么无法相信,要么至少不能全然相信。不是每个人
都需要证据,但是对于那些需要的人,存在满足他们需要的
办法。对于那些看重证据的人,这就很重要。在一个有意
思的段落中,帕斯卡尔写道:

> 常人有能力不去想自己不愿想的事。犹太人对他
> 的儿子说:"不要去想有关弥赛亚的那些段落。"我们有
> 许多人往往也这样做。假宗教就是这样存留下来的,
> 对许多人来说,真宗教也是如此。
>
> 然而有些人没有能力阻止自己不去想,而且别人越
> 禁止他们,他们便想得越多。除非找到有力的证据,否
> 则这些人会抛开假宗教,甚至也会抛开真宗教。(815)

好的理由、有力的论证以及具有说服力的证据,能够发挥至
关重要的作用,帮助许多人拥有真正的信仰。帕斯卡尔想
给这些人提供帮助。与上帝拥有美好的关系太重要,不能
因为本来可以处理的思想难题而错失,也不能因为缺少原
本可以提供的证据而错失。

　　然而,帕斯卡尔总是热心地提醒我们,最重要的方面并
不是为了满足思想上的好奇。他在下面这段话中相当生动
地阐述了这一点:

　　　　奇迹、纯全无可指摘的圣者、学者、伟大的见证人和
　　殉道者、杰出的君王—大卫—以赛亚(Isaiah),一位流
　　血的君主,在这些方面这种宗教都非常伟大;在知识上
　　它也非常伟大,但它在展示一切神迹与全部的智慧之
　　后,却否定了这一切,宣称它提供的既不是智慧也不是
　　神迹,而只是十字架和愚拙。

　　　　因为,因着这些智慧和神迹而值得你信赖、其品格
　　也经过考验的那些人向你宣称,除了十字架之愚拙所
　　含的美德——没有智慧或神迹的美德,而非没有这种美
　　德的神迹——这一切都不能改变我们,使我们得以认识
　　上帝并爱上帝。

　　　　因此,就其有效的动因来看,我们的宗教是愚拙的,
　　而就为它预备的智慧来看,则是智慧的。(291)

这将我们带回到耶稣和尼哥底母的故事中。对任何一个人

来说,终极的宗教问题关乎以这种而非其他的方式重整生命,而不是仅仅得出结论。我们能否效法基督在十字架上至高的牺牲,舍弃自主、撇开邪欲、向上帝的旨意敞开自己呢? 自私的自我喜欢发号施令、随己意判断行为是合理还是愚蠢,然而,它看来纯属愚蠢的东西恰恰是我们所需要的。如果不放弃自我,自我就不能得救。这是一个我们有待展开的主题。按照帕斯卡尔的观点,需要记住的要点是,即使有了所有的证据和论证,我们仍然没有到达问题的核心,因为这是一个关乎人心的问题:

> 人心自有其理,而理性对此一无所知:我们可以从无数途径认识到这一点。
>
> 人心依其效忠的对象,很自然地要么爱普遍的存在(the universal being),要么爱自己。它也按照自己的意愿冷酷对待这个或那个。你拒绝了这一个而保存另一个。让你爱自己的是理性吗?(423)

人心是以自我为中心,还是在谦卑和爱中向往上帝呢? 自我利益是我们的主要利益吗? 还是我们能够超越这些,向"普遍的存在"敞开我们的生命?

这里是帕斯卡尔思想中一个重要关头,也是一个有助于我们理解基督教信仰是什么,或者至少应该是什么的基本概念。当然,信仰是一个备受敬重也备受毁谤的概念。门肯(H. L. Mencken)曾经说过:"信仰也许可以简要地定义为不合逻辑地相信不可能发生之事。"宗教批评家最钟爱的定义是马克·吐温给出的:"信仰是相信你知道不是那么回事的事。"简言之,这种观点视信仰为非理性的信念,这种信念有悖于理性,有悖于证据,与我们所知道的背道而驰。从帕斯卡尔的观点来看,这完全是对信仰本质的歪曲。

安布罗斯·比尔斯(Ambrose Bierce)是马克·吐温同时代的人,他将信仰定义为:"信仰是毫无根据地相信无知者传讲的无与伦比的事物。"其他人也以同样的精神定义信仰的特征,说信仰是"黑暗中的飞跃",是"理智不能支持的绝望中的希望"。这是一种视信仰为非理性信念的信仰观,这种观点认为:信仰可能不是相信我们已知其是错误之事,但它所相信的得不到任何我们所知事物的支持。帕斯卡尔坚持认为,这纯粹也是一种误解。

首先,帕斯卡尔认为信仰和理性二者既不对立也不彼此孤立。若非如此理解,势必会对这两个概念产生极大的误解。其次,有一个更严重的谬误贯穿所有这些信仰定义:它们都认为信仰仅仅是相信某种东西而已。但是这种对今生核心宗教气质的解释非常薄弱,极具误导性。信仰不仅仅是一种信念而已。

帕斯卡尔如此表述:

> 感知上帝的乃是心灵,而非理性。这就是信仰之所是:由心灵而非理性感知到的上帝。(424)

再次,帕斯卡尔有关信仰和理性的对比,并不意味着二者之间缺乏一致性,或者说它们自发地彼此分别。关键是,不可能建造这样一座通向上帝的思想之桥,在理智看来跨越这桥才算信仰。信仰并非理性的产物,信仰关乎心灵。

谈及心灵(heart),帕斯卡尔当然不是用胸部解剖的方式来解释神学。他只是借用了圣经及其他世界伟大文学作品中都非常突出的一个传统意象。提到心灵,帕斯卡尔的目的是吸引我们去关注那重要的、位于人之核心的东西,我们所拥有的信念、态度和情感之源泉或根源。帕斯卡尔的这种目的在他的笔记中有无数的线索。他不只是在涉及宗教问题时提到心灵。在回应关于人类知识的普遍怀疑态度时,他赋予心灵卓越的作用。例如下面一段文字:

> 我们认识真理的途径不仅有理性,还有心灵。我们认识首要原理的途径正是心灵,而和它毫不相干的理性徒劳地试图否认这些首要原理的真实。这也是怀疑论者唯一的目的,然而他们的努力毫无成效。我们知道自己不是在做梦,但是,不论我们在理性证明这一点上多么无能,我们的无能证明的只是理性的弱点,而不是如他们所说我们所有的知识都不确定。因为有关首要原理的知识,例如空间、时间、运动、数量,和任何借着推理得出的原理一样可靠。理性必须依靠这种源于内心与本能的知识,并且它的全部论证,也要以此为基础。(110)

在同一则笔记中,他随后接着说:

> 因此,我们的无能只能使喜欢判断一切的理性降
> 卑,而不是证明我们确信之事有误。仿佛我们唯有通
> 过理性才能学习似的!但愿上帝使我们正好相反,永
> 远都不需要理性,并且只凭本能和感觉便可以认识一
> 切!可是大自然拒绝给我们这种恩惠,它只给了我们
> 一点点这类知识,其他的一切知识都只能凭借推理获
> 得。(110)

最后他总结说:

> 那些内心蒙上帝感动而领受宗教信仰的人十分幸
> 运,其原因就在于此。他们感到相信非常合理。而那
> 些内心没有被上帝感动的人,我们就只能通过推理给
> 予他们这种信仰,直到上帝感动他们的内心,赐给他们
> 宗教信仰为止。没有上帝的作为,信仰只是人为的,对
> 得救毫无裨益。(110)

没有某些基础原则,理性亦不能发挥作用。在我们罗
列证据并得出结论时,我们就何为证据假设了一些原则,假
设了一些推理形式是可靠的,也假设了至少我们在世界上
的部分基本经验是普遍可靠的。这些原则既无证据支持,
也无逻辑担保,我们无法证明它们是正确的。但是没有它

们,我们便无法生活,我们确实接受了它们。但这是为什么呢?帕斯卡尔似乎相信,生命中最重要的一切都是借着心灵来认识的,也就是他称之为"本能"或"感觉"的东西。

心灵是情感、态度和信念至深的接触点,也是人类行为最深刻的根源。帕斯卡尔说,信仰就是心灵感知到的上帝。这是什么意思呢?这是一个难解的比喻。心灵的感知与眼睛的感知有什么区别?首先,眼睛的感知只是通过人类与外界连接的方式之一来接触现实。理智的感知也许同样有限。心灵的感知大概更加复杂多样,也更加深入。它可以包含思想上的(智力的)、态度的(情感的)和意志的(包括意愿和行动)连接,因而,在完整的意义上,是灵性的连接。

用心灵感知上帝,到底是什么意思呢?当一个人将自己的生命转向上帝,寻求认识上帝、爱上帝,渴望与上帝交流,并在这一行动的光照下来看待整个世界时,心灵的感知可能就会发生。也许这与帕斯卡尔的赌注理论有着深刻的联系。下注在上帝一边,就是希望有一位上帝,就是盼望有一位上帝,就是以这样一种方式来生活:如果有上帝,那么一个人就可以因此而认识上帝。我不想说,用内心感知上帝与下注在上帝一边是一回事,但是坚定的下注也许至少是信仰之序言,甚或是信仰的开端或早期形式。在刚才引用的那段文字中,帕斯卡尔谈到通过推理给予信仰,他承认这"只是出于人的"一种信仰形式。他这样说是什么意思呢?他承认,证明基督教是真理的证据,并非可以迫使人相信的那种证据。但是,他可能认为自己的完整推理——关

于人们对信仰之冷淡、死亡之必然、寻找意义之必需、没有
上帝的人生之虚空、基督教是真理的记号，以及赌注理论的
论证——足以使一个理智的、没有偏见的人寻求上帝。而
且，如果这一切推理通过转变人们的思想和生活方式，确实
成功地改变了人们的生命，那么这种改变将是向着良善方
向的改变，为他们做好了接受来自上帝之改变的准备。

在大部分日子里，我知道太阳已经升起，不是因为看到
它在空中，而是因为看到沐浴在阳光中的一切。也许信仰
的生命也应该以此为榜样。或者至少这可能是认识上帝的
一种方式，它不需要以任何一种感官模式来直接理解上帝。
毕竟那只是我们认识这个世界的最初级的方式。也许，有
一种认识上帝的方式，至少部分体现于在上帝的光中看到
一切。诚然，这只是一个比喻，但是我希望这是一个富于启
发性的比喻。至少这可能是拥有信仰的一条道路，无论这
条道路在多大程度上是人为的。它使人向上帝敞开，从而
使上帝的恩典直达人性的最幽深之处——心灵——并产生
真实全备的令人得救的信仰，即心灵对上帝的感知。在这
个过程中，它也变成神圣的道路。这就是耶稣对尼哥底母
所说的"重生"（约 3:3）。

基督教信仰与盼望、渴望和行动联系在一起，同时它也
联系着信念。信仰越成熟，那么与之相连的信念便越成熟。
如果我们将信念视为理智上的认同，那么信仰和信念就不
是一回事，信仰的内涵要多得多。信仰是一种生活形态，而
且这种生活形态包含重要的习惯——思想、愿望和行动的

习惯。在一个非常重要的段落中,帕斯卡尔说:

> 因为我们一定不能误解自己:我们像理智(mind)一样有自动机制。因此,实证并不是唯一可以说服我们的工具。能被证实的事物何其少!证据只能使理智信服;而习惯提供了最强有力以及最令人信服的证据。它驱动自动机制,带着理智无意识地就范。有谁曾经证明会有明天呢?有谁曾经证明我们将会死亡呢?还有什么是更多人相信的呢?……简言之,一旦理智明白真理之所在,我们必须诉诸习惯以使我们浸淫于那不断躲避我们的信念。因为常把证明摆在我们眼前,实在是一件麻烦事。我们必须取得一种更为简易的信念,那就是习惯的信念。无需强力、无需技巧、无需论辩,它就能使我们相信,并使我们的全部官能倾向于这一信念,以至灵魂自然地沉浸其中。当我们仅仅借着证明的力量相信,而自动机制却倾向于相信其反面时,那是不够的。因此我们必须使我们这两部分都相信:通过推理使心智相信,这在一生中只需要一次;通过习惯使自动机制相信,不容它倾向反面:上帝啊,**求你使我倾心于你。**(821)

信仰生活可能涉及极大的争战——与那些使我们无法相信或服侍上帝的习惯争战,那些习惯是我们在这个世界上作为受造物自然拥有的。只有建立新习惯去代替旧习惯,那才有可能。帕斯卡尔敦促我们,如果我们想要实现完整且有意义的生命,唯一的道路正是这些新习惯,这种新的生活样式。他相信,基督教信仰是通向上帝的道路,并且,在上帝真理的光照下,也是使一切有意义的道路。那是心灵的道路。

在一系列为基督教提供证据的笔记中,帕斯卡尔列出了一串主题,这串主题以一种有趣的方式结束:

> 证据——1. 基督教,基于其建立的事实,它建立得如此牢固,又如此轻缓,尽管如此违背自然。2. 基督徒灵魂的圣洁、高尚与谦卑。3. 圣经的奇迹。4. 特别是耶稣基督。5. 特别是使徒。6. 特别是摩西与先知。7. 犹太民族。8. 预言。9. 永恒性:没有哪一个宗教享有永恒。10. 能解释一切的教义。11. 这种律法的神圣性。12. 根据世界的秩序。

> 无可置疑,在看到这一切证据之后,考虑到生命的本质及这种宗教的本质,如果我们的内心倾向于跟从,那么我们便不应该抵制这种倾向:确实也没有任何理由来嘲笑那些跟从的人。(482)

这里没有说帕斯卡尔认为这些证据能够迫使人接受信仰,或者将信仰播种到每一个思考它的人心里。对证据作用的评价,比这种说法要低调得多。最重要的是心灵的倾向。

第 11 章　爱、生命与上帝

　　今生还有什么比幸福更难捉摸呢？也许没有。每一个人都希望拥有幸福，但似乎鲜有人能得到它。也许有些事物和幸福**一样**奥妙难懂，例如智慧，以及平安。有些人认为这三样属于人类可能的生存状态中的"濒危物种"。它们奥妙难懂的相似程度，可能绝非巧合。智慧可能是幸福的前提，至少是任何稳固或恒久幸福的前提。而智慧和幸福可能是平安的必要条件，至少是任何稳固或持久平安的必要条件。一个没有智慧的人，不可能拥有真正的幸福。一个没有得到真正幸福的人，不可能拥有平安——无论是独处还是在人群之中。

　　没有智慧、幸福和平安的人生，是没有满足的人生。而太长时间没有满足的人生，是绝望的人生。帕斯卡尔认为存在我们能够获得的智慧，足以照亮这种最绝望的境况，并且将我们从中拯救出来，只要我们愿意认真对待那些智慧。他似乎认为，人类要获得幸福和带来满足的平安，其关键隐匿在"爱的经济学"之中。我们爱什么？我们如何付出爱？我们最爱什么？如果我们要理解自己的人生，搞清楚这些问题的答案便很关键。如果我们希望过美好的生活，即智慧、幸福和平安的人生，给出正确的答案便很关键。

探询爱的问题，并不是在探询一种情感或者一种感觉，也不是在探询一种态度。问爱什么、如何爱，就是在问我们如何用内心感知现实、如何交托我们的生命、如何安放我们的希望，以及如何倾注我们的精力等。无论是人类还是其他存在，爱都是最重要的主题。我们爱什么和如何爱，将决定我们此生是绝望地迷失流浪，还是向人类终极满足的方向前进，并且沿途收获智慧、幸福和平安。

关于爱的主题，帕斯卡尔有许多话要说，其中大多数都充满深刻的洞见，但是他说话的方式就像曾经受伤的医治者。帕斯卡尔经历过爱的难题。他一生中最不堪的经历，发生在他写作《思想录》之前，似乎源于过分自恋带来的暴躁傲慢，以及对金钱的过度贪爱。帕斯卡尔是一个非常聪明的人，他意识到了这一点。在和他的学术对手辩论时，他会非常自大，他可不是一个情愿忍耐傻瓜的人。他期待得到极大的认可，就是他曾经得到的认可。他曾经和自己的姐姐有过争执，因为她想把自己在一份遗产中的份额奉献给教会。他曾经一点也不谦卑，一点也不会为别人着想，但那样的生活方式最终无法令人满足，通过那样惨痛的经历，他认识到了谦卑以及为他人着想的价值。因此——因为那些他最终厌恶地从中逃离的自己的错误和失败——他关于自恋和喜爱物质的言论有时非常极端,他的否定会特别强烈,甚至令现代人感觉受到冒犯。我承认有时他的确有点矫枉过正,因为他想要说清楚,那些轻易俘获我们的可悲的思维与爱的模式需要改正,但是我们总能从中得出我们乐意接受的合理且重要的洞见。

例如下面这句有点费解的话:

> 罪人舔着尘土,就是说,他们热爱尘世的快乐。
> (801)

这当然是一个生动而令人难忘的评论。一幅怎样的图景啊!我好像看到了自己的英国激飞猎犬,刚吃完一份难得的剩菜,还在不停地舔着已被它舔光的碗,还有碗周围的地板。不够!不够!再来点!再来点!

任何读者都明白,帕斯卡尔想要轻蔑地评论对尘世快乐的爱慕。但是,他到底在说什么?他为什么说这句话?想一想那句"罪人舔着尘土"。帕斯卡尔是在说所有的罪人舔着尘土吗?还是他要暗示所有舔尘土的人都是罪人?是不是因为他认为舔尘土本身就是有罪的?这个比喻到底在传达什么信息?我每次用这句话都免不了解释得有点口干舌燥。

我想帕斯卡尔真正的观点是:我们与上帝隔绝,因此也与所有真正满足的源头隔绝。我们受造本是要生活在与上帝的正确关系中,然而却失去了我们所需的这种正确关系。

更何况,我们的需要是无限的,我们内心本是为无限的上帝而造,无法被有限的受造物填满。没有与世界之创造主的正确关系,世界上没有任何东西可以真正地满足我们。我们所抓住的一切,都会化为乌有。那我们做什么? 我们转身离开吗? 不,我们舔着尘土。在盲目的绝望中,我们舔着尘土。这能带来满足吗? 当然不能。可悲的是,我们不能或者不愿从经验中认识到,这个世界上没有任何事物能够给我们带来满足。

　　但是许多东西给我们带来快乐,而且如帕斯卡尔所说,我们热爱尘世的快乐。他很鄙视这种快乐,视之与舔土无异。为什么? 这幅图景描绘了一个极度渴望得到满足的人。如果不是这样,至少也是渴望从生活中挤出每一滴快乐的人。每个人都喜欢快乐,显然确实如此,人人都喜欢快乐。显然是这样,不可能有什么错。但是喜欢或享受和热爱并不是一回事。我们非常随便地使用**爱**这个词,可能是过于随便了。爱某个事物,意味着很珍视这个事物,并致力于保存它或发展它。爱某个事物,意味着以它为中心调整你的生命,至少是部分生命。爱的典范当然是人与人之间绝对委身的关系。但是在人与事物之间,难道不能有这样的爱吗? 帕斯卡尔在一段话中说:

　　　基督徒认识真神,不爱尘世之物。(289)

这是真的吗? 基督徒真的不爱尘世的事物吗? 嗯,我们当然**说**我们爱尘世的事物,说得还挺频繁。"我爱我的钢笔。""我爱这些鞋。""我爱太阳。"但是这当然都是夸张的说法。帕斯卡尔的观点是,我们在严格的意义上不应该爱那些只属于这个世界的事物。可以构建一个支持这一观点的论证,我们可以称之为**比例失调论**(The Disproportionality Argument):

> (1)你真正爱什么,什么就是你生命的中心。
>
> (2)你的生命不应该以不够好的事物为中心。
>
> (3)你的生命是永恒的,但仅仅属于此世的事物都是暂时的。
>
> (4)暂时的不足以支撑永恒的。所以,
>
> (5)你不应该让只属于此世的事物成为生命的中心。因此,
>
> (6)你不应该真的爱任何只属于此世的事物。

记住,我们使用**爱**这个字眼来代表最高程度的委身,按照帕斯卡尔的观点,那是一种心灵的投入。在展开这个论证的过程中,我使用了"真的爱"这个短语让我们留意这一点。

从基督教的观点来看,这个世界上有些居民不"仅仅属于这个世界"。例如:人。还有在这个地球上从事的一些活动、努力和工作,也不"仅仅属于这个地球"。比如关爱,还有玩,甚至可能包括哲学。

我还清楚记得,有个学生从圣母大学毕业一两年后回

来看我。他一直在政府部门工作,非常关注战争与和平的问题。午餐时,他谈到一位著名的医生,她放弃自己在波士顿的本行,为世界摆脱核武器而工作。他提醒我,她相信随着核武器的不断增加,像核毁灭这样的灾难越来越近,那么她所有的治疗工作——伤口缝合、骨折包扎、断骨复位、消除喉痛等等,都将被一场核灾难抹杀。所以她决定,对健康的终极关注要求她献身于有关核问题的演讲与写作。接着,这位年轻人恭维我的演讲和写作能力,然后非常尖锐地问我为什么不从事同样的事业。为什么我还在教导并写作有关怀疑论、上帝、自由意志、灵魂、死后生命以及宗教信仰本质这些问题?我应该献身于使世界摆脱核武器的事业。

我解释道,尽管我非常希望这个世界不再为如此恐怖的威胁而恐惧,但是我相信,甚至最严重的核灾难也不会抹杀我作为哲学家努力在做的工作。我相信我正在发现,也正在帮助别人发现永恒的真理,无论我们对永恒真理的了解多么不够。在这种为自己和他人努力工作的过程中,我相信我正在服侍灵魂,而灵魂具有永恒的价值,并将永远存在下去。如果我是对的,那么即使整个物质宇宙的热寂,都不会消除我作为哲学家所能做的些微工作的意义。柏拉图引据苏格拉底的权威告诉我们,哲学是为死亡做准备。这听起来很病态,但实则不然。从柏拉图的观点来看,哲学与其说是为我们的终点,不如说是为一个伟大的起点做准备。在这个世界中,还有一些努力不只属于这个世界。

我们不应该将自己的生命建造在任何只属于此世的事

物之上,如此建造的根基是沙土,但是我们中间有太多人这样做。就有益于人类的福祉而言,每个职业都是高贵的。与这个世界上的东西建立的任何关系,如果多少有助于人类的真正繁荣,都是正当的。但是如果某种努力或者某种关系,要使你将自己生命的大厦建立在不够好、不稳固、短暂的根基之上,它就是错误的,就是应该避免的。按照帕斯卡尔的说法,真的热爱某个只属于尘世的事物是错误的。人才是永恒的,所以建立人与人之间的正确关系,永远都是适当的。甚至有人说,全部道德可以总结为一条简单的建议:"爱人,利用东西;不要爱东西或利用人。"无论这是否抓住了道德的总纲,它的确清楚地抓住了帕斯卡尔或者基督教观点中基要的部分。最深的委身只应该指向人,而非事物。

让我们再次回味一下帕斯卡尔的这句话:

> 罪人舔着尘土,就是说,他们热爱尘世的快乐。

他尤其蔑视对尘世**快乐**的热爱,这可能很重要。许多人爱的并不是属于尘世的事物本身,而是爱它们能够带给我们的快乐,这就更加糟糕。

从一个平衡的基督教观点来看,喜爱这个世界上的事物,并且尽情享受它们,绝对没有错,体验快乐也绝对没有错。那都是美好的,甚至值得我们去追求,但是却不值得我们不计代价去追求。那不是高于一切的美好,不是人类生命应当关注的焦点。它更像是人类活动的美妙副产品,而人类活动应该有其他的目标。把灵魂和心灵完全投入到属于尘世的快乐,在帕斯卡尔看来,就是表明人类悲惨境地的一种堕落。

热爱只属于世界的事物,至少还包含欣赏它们本身,尽管人们不幸会走向两个极端。欣赏世界的美善是好的。但是热爱尘世快乐的人,其生命中心并不是欣赏此世之事物本身,而是它们能为你做什么。在热爱享乐的人眼中,整个世界是一个仪器,一个服务自我的工具。任何事物的价值在于它能为自我带来什么。热爱享乐是不合宜的,因为它是由不合宜的自爱所决定的。帕斯卡尔最激烈反对的就是错误的自爱。

对首次阅读帕斯卡尔笔记的读者来说,最令人震惊的就是他严苛地贬低自爱,同时出人意料地推崇自我憎恨。在某处他说道:

我们必须只爱上帝,必须只恨我们自己。(373)

这是什么观点啊!今天世界上的许多社会和心理问题,追本溯源就是人们缺乏恰当的自尊。有许多提升自尊的书籍、文章、研讨会和音像资料。我们应该说:"我不错,你也不错。"我们若看不到前者,便无法承认后者。耶稣自己在新约中难道不是命令"爱人**如己**"吗?按照这条命令,我如果不爱自己,就无法爱别人。那么帕斯卡尔在说我们必须

恨恶自己时,他到底在想什么?

　　为了合理甚至深刻地理解帕斯卡尔这段话,我们必须对整个《思想录》稍作探究。我们能够对这句话做出十分合理的解释,而且这也可以纠正我们内心深处都有的一种倾向,我们迫切需要这种纠正。这是否是帕斯卡尔所要表达的全部意思,我们不能确定。但是,正如思考帕斯卡尔使我们关注的其他重要命题一样,我们的目标不仅仅是确定帕斯卡尔要表达的意思,我们应该问的是,帕斯卡尔是否再次引导我们进入了一个乍看令人惊奇但却深藏重要真理的领域。但是,要想发现他将我们引向何方,必须寻找一些线索。

　　首先,让我们思考一段很长的引文,它是从有关自爱的一个更长段落中摘录的:

　　　　自爱与人类自我的本质就是只爱自己并且只考虑自己。然而,它能做什么呢? 它无法阻止自己所爱的对象充满缺陷和可悲:它想要伟大,却发现自己很渺小;它想要幸福,却看到自己很可悲;它想要完美,却看到自己充满了缺陷;它想要成为别人爱慕与尊崇的对象,却发现自己的缺陷只配别人的憎恶与鄙视。它发现自己所处的尴尬境地,便产生了一种人所能想象的最不正当且最罪恶的情感,因为它极度仇恨那谴责自己并让自己确知自己缺陷的真理。它想消除那真理,却做不到,于是它尽己所能摧毁自己及他人意识中的

那真理;这就是说,它煞费苦心既向别人也向自己掩盖
自己的缺陷,无法忍受它们被指出来或被注意到。

毫无疑问,充满缺陷是一种恶,但是充满缺陷却不
肯承认,则是更大的恶,因为这会进一步生发蓄意自欺
的恶。我们不愿意别人欺骗我们,如果他们想要我们
给予他们不配得的尊敬,我们会认为那是不对的;因
此,我们若是欺骗他们,想要他们给予我们不配得的尊
敬,也是不对的。(978)

我们很自然地就会自爱。我们的世界围绕着自我——
自我的需要、欲望及价值观——旋转。对自我的关爱和培
育成为一种强烈的激情。然而,因为与我们的创造主隔绝,
我们有许多错误、严重的缺陷和弱点。只关注我们自己,我
们发现自己是不可爱的,但我们需要被爱,并把满足这个需
要当作首要的事,所以我们隐瞒有关错误和缺陷的真相。
而且更糟糕的是,我们还密谋让别人相信我们没有这样的
错误和缺陷,因此我们是可爱的。我们欺骗自己,也欺骗别
人,因为这是成功的自欺所必需的,我们发现相信别人所信
的是最容易的。所以,如果我们希望相信一个谎言,我们必
须让别人相信它是真的,我们需要一起被骗的同志。

现在的事实是,尽管我们有缺陷,我们仍是可爱的。然
而我们的缺陷之一就是看不到这一点。从基督教的观点来
看,作为良善的上帝按照自己形象创造的人,我们是可爱
的。如果我们不接受这种观点,自然会落入帕斯卡尔所指

出的思维和行为模式中。我们绝望地想让所有的生活都以自我为中心,因此我们坚持认为别人的生活也应当以我们为中心。

我们配得别人的爱,这不是真相。我们想要被别人爱,这是不公平的。如果我们生来就有理性,无偏见,了解自己和别人,那么我们就不会让自己的意志拥有这种偏爱。但是,我们生来就具有这种倾向,因而我们生来就是不公平的。

因为万物都关注自己:这有悖于所有的秩序。

应该关注整体;对自我的偏爱是战争、政治、经济、个人身体等一切混乱之源。

因此,意志是堕落的。如果自然或市民共同体的成员都关注整体的益处,那么这种共同体本身就应该关注它们作为其中一部分的另一个更为普遍的整体。因此,我们应该关注整体。(421)

在另一处,帕斯卡尔补充道:

每个人就是自己的一切,因为,他死了,一切对于他来说也就死了。这就是为什么我们每个人都认为自己就是所有人的一切。我们不能依据自己来判断自然,而要依据自然自身的标准来判断。(668)

我们倾向自爱是自然的。它是一个漩涡,把一切都朝着自己卷进来。对自我夸大的偏爱,不可避免地会将任何人际关系撕成碎片。当每个人都想成为世界的中心时,所有人的世界也会不可避免地被撕成碎片。在这样一个世界,离弃智慧使得平安和幸福变得遥不可及。

帕斯卡尔曾描述了他和一位朋友的一段对话。这个朋友是一个著名的赌徒,也是一位彬彬有礼的诡辩者。这场对话以帕斯卡尔说的话开始:

"自我是可恨的,而你,米顿,却在掩饰它。但是这并不意味着你能使它消失,所以你仍然是可恨的。"

"并非如此,因为像我们这样为所有人效劳时,他们便不再有借口恨我们。"

"如果自我的唯一可恨之处是它给我们带来的不快,那么的确如此。

"但是,如果我恨自我,是因为将自我作为一切之中心是不义的,那么我得继续恨它。

"总之,自我有两重特点:就自我让自己成为一切的中心而言,它本身就是不义的;就它想奴役别人而言,它对于别人就是个妨害,因为每个自我都是其他自我的敌人,都想奴役他人。你消除了它的妨害,却不能消除它的不义。

"因此,对那些恨自我不义之人,你并不能使它变得可爱,你只能使它对那些不再认为它是敌人的不义

之人变得可爱。因此你仍是不义的,你只能讨不义之
人的喜欢。"(597)

这些话很有说服力。为了进一步详细阐述这个主题,帕斯
卡尔在另一处说道:

> 凡是不恨恶自己里面的自爱,不恨恶令自己以上帝
> 自居的那种本能的人,一定是盲目的。谁能看不出,这
> 比任何事物更有悖于正义与真理呢? 因为我们不配这
> 一地位,取得这一地位是不义且不可能的,因为人人都
> 要求得到它。因此,它是一种明显的不义,我们生于其
> 中,不能摆脱它,但是我们又必须摆脱它。
>
> 但是,(其他)任何宗教都没有观察到这是一种罪,
> 是我们固有的,也没有指出我们应该抵制它,更别说提
> 供补救之道了。(617)

帕斯卡尔在这里提到的补救之道是什么呢? 他表明补救之
道是:

> 基督徒的上帝是这样的上帝,他使灵魂认识到上帝
> 才是其唯一的善:只有在他里面灵魂才能找到平安;只
> 有爱他时灵魂才会找到快乐;同时他又使灵魂憎恶种
> 种阻碍自己尽力去爱上帝的障碍。阻碍它的自爱与邪
> 欲是不堪忍受的。这位上帝使灵魂意识到这种正在毁

灭自己的自爱,并且唯有上帝才能治愈它。(460)

最后,也是最令人目瞪口呆的,帕斯卡尔说:

> 因此,真正且唯一的美德就是恨恶自己(因为我们
> 的邪欲让我们可恨),并且寻求一个真正值得爱的存在
> 来热爱他。但是,既然我们不能爱我们自身之外的一
> 切,我们就必须爱一个在我们自身之内却非我们自己
> 的存在,这一点对于每个人都成立。那么只有那位普
> 遍的存在才属于这一类存在:上帝的国就在我们里面,
> 它既是我们自己,又不是我们自己。(564)

要理解帕斯卡尔的自爱和自恨,我们现在几乎拥有了所需
的一切。要理解帕斯卡尔的爱、生命与上帝,我们几乎拥有
了所需的一切。

让我们再次看一下开始的那句话:

> 我们必须只爱上帝,必须只恨我们自己。(373)

我相信这句话中的深刻见解,是通过阅读时的侧重点揭示
出来的。依帕斯卡尔之见,我们应该恨恶什么? 我们自己?
"**只恨我们自己**"。我们要恨与上帝隔绝、以自我为中心的
自我。要恨孤立的自我的自治,因为它让自我与其他自我
为敌,与上帝为敌,因为它尝试攫取本应唯独属于上帝的位

置。只有上帝不同于其他所有的自我。上帝的存在以某种
方式涵盖一切。帕斯卡尔用"普遍的存在"（564）指称上
帝。若没有和上帝的创造——包括别人的自我和你的自
我——建立合适的关系，你便不可能真正爱上帝。这不仅
仅是"爱屋及乌"的终极例证。由于上帝的形象在每个人里
面，一切存在皆出于上帝的旨意，上帝并不只是一个遥远的
创造主，一个超越的、存在于他的造物之外的上帝，他也内
在于整个世界，不仅在能力、知识，而且在生命中无处不在。
爱上帝，就是爱终极的统一。只爱自我，就是创造和信奉分
裂，一种不义的、毁灭性的、错误的分裂。

在其他段落中，帕斯卡尔谈到一种健康和恰当的自爱，
这种自爱不具有分裂性，也谈到对他人的不仅恰当而且会
带来满足感的爱。例如"基督教不仅让人幸福，而且让人可
爱"（426），并且他发自内心地说"我爱所有的人"（931）。
他甚至谈到"我们应该给自己的爱"。

> **肢体。由此开始。**为了控制我们应该给自己的爱，
> 就必须想象一个充满了能思想的肢体的身体（我们是
> 整个身体的肢体），并且看到每个肢体应该怎样爱自
> 己，等等。（368）

在别处，他简单地说：

> 想象一个充满了能思想的肢体的身体吧。（371）

紧接着,在下一则笔记中,他详细阐述道:

> 作为一个肢体,除了借着身体的灵且为身体服务,就没有生命、存在和运动。分离的肢体,由于不再能够看到自己所属的身体,便只剩下无用的、垂死的存在。不过,它却认为自己是一个整体,又由于看不到自己所依赖的身体,便相信自己只需依赖自己,试图以自己为中心和身体。然而它自身并没有生命的原则,所以只能徘徊,对自身存在的不确定性感到困惑,它确实感到自己不是身体,却不明白自己是身体的一部分。最后,当它终于认识自己,便好像回家了一般,只会为身体的原因爱自己。它就会谴责自己以往的偏离。
>
> 出于本性,它不会爱自己之外的任何其他东西,除非由于自私且想要奴役的目的,因为每个东西都爱自己胜过其他一切。
>
> 然而在爱身体时,它也是爱自己;除非在身体里面,借着身体,并且为了身体,它便没有生命。**"但与主联合的,便是与主成为一灵。"**(林前 6:17)(372)

帕斯卡尔接着说:"我们爱自己,因为我们是基督的肢体。"这是一种正确的自爱,这种爱既不孤立也不排斥。这种自爱与其他肢体联合,他们自己最终也是普遍存在的肢体,因此这种自爱也是与全体的联合。这是一幅美丽的新约画面，帕斯卡尔颇具说服力地使用了它。他的基本观点是，爱永远都不应该分裂，或者排斥；爱应该总是团结的、包容的。这是一个值得重复的要点：爱永远都不应该分裂，或者排斥；爱应该总是团结的、包容的。我们本质上是社会性的存在。如果和他人没有正确关系，我们就不会正确认识自己。对别人没有正确的爱，我们就不能正确地爱自己。在最后的分析中，帕斯卡尔憎恨的那种自爱，至多是极其堕落的一种爱。帕斯卡尔所憎恨的，是对自我的自私自利、排他性的投入，把自我抬高，与所有其他人对立起来。而那既会毁灭别人，最终也会毁灭自己。这是一个极大的讽刺。但是对自我真正的爱，总是愿意为自我的最大益处着想。所以，如果你对自我过于迷恋，以他人为代价或者不顾他人的存在来爱自己，那么这根本不是真正的爱。人们有时说，爱是盲目的，但是真正的爱不可能是盲目的。任何人要想从事真爱这种心灵活动，多少都需要一点智慧。而只有极大的智慧，才能带来并掌控一种恰当的、坚固的、忠诚的自爱。

帕斯卡尔所宣告的"我们必须只爱上帝，必须只恨我们自己"，其意义当然必须在上下文中来判断。最直接的上下文是其前面的一则笔记（372）。在这则笔记中，帕斯卡尔描绘了自爱的正确形式。我们必须恨的，是孤立的自我。我们必须爱的，是上帝，万有中的上帝，以及上帝中的万有。这就是帕斯卡尔为拯救世界脱离疯狂开出的处方。它是拯救世界脱离疯狂，脱离自我背离上帝的基督教处方。爱上帝，像上帝在基督里就近我们、爱我们一样去爱上帝，这是关键。这是智慧的开端,而智慧是平安的条件,而平安本身就能够给所有人带来幸福。

帕斯卡尔向我们建议的,是要我们重新调整自己的生命,用心灵下注,重新安置我们的理智。我们爱什么? 我们渴望什么? 我们盼望什么? 我们思想什么? 在某处,他写道:

> 人显然是为思想而造的;那里有他全部的尊严和价值;他全部的义务就是要像他应该的那样去思想。而思想的顺序是从我们自己开始,从我们的创造主和我们的归宿开始。
>
> 那么世人都在思想什么呢? 他们从来不想这些,只想着跳舞、吹笛、唱歌、作诗、运动等,他们想着打仗、当国王,并不想做国王或做人的意义是什么。(620)

在某种程度上,我们当中绝大多数人陷在某种思想和欲望的习惯中,这些习惯阻止我们发现真理,使我们不能用心感知上帝,因而使我们在此生迷失。帕斯卡尔希望帮助我们摆脱这些阻碍性的、破坏性的习惯。他希望我们能够敞开心扉找到真正的满足。他希望能引导我们真正领悟。他希望把我们带到上帝面前。

帕斯卡尔相信,一旦我们开始基督徒的生活,就会发生根本的变化。例如,他说:

> 让我们改变一下迄今为止我们判断善恶的准则吧。

> 我们曾以自己的意志为准则,现在让我们以上帝的意志为准则。(948)

从这个新的观点来看,世界——上帝的世界——充满了意义。按照这种新的思维方式,帕斯卡尔建议我们:

> 要把小事当作大事来做,因为基督的王权,他在我们之中做那些小事并且像我们一样生活;要把大事当作小的、容易的事来做,因为基督的大能。(919)

按照这种方式行事必定会使我们所有人都变得伟大。专注于上帝,用心感知上帝,最后以上帝和他的旨意为中心,来调整我们的价值观、态度、情感、欲望、希望和梦想,我们会因此变得伟大。这有极大的益处,就像这个意象所展示的:

> 大人物和小人物有着同样的意外、同样的烦恼和同样的激情;但是一个在轮子的外端,而另一个靠近中心,因此在同样的运动中,受到的动荡较小。(705)

内在的平安随智慧而来,真正的幸福随平安而来。

帕斯卡尔相信,我们需要的智慧首先在耶稣基督里面才能找到,他是上帝的智慧:

> 我们不仅只有借耶稣基督才能认识上帝,而且只有

借耶稣基督才能认识我们自己,我们只能借着耶稣基督认识生和死。离开了耶稣基督,我们就不知道我们的生命和死亡有什么意义,就不能知道上帝的意义,也不能知道我们自己的意义。

因此,没有圣经,我们就一无所知,只能在上帝的本质以及自然本身中看到蒙昧与混乱,因为耶稣基督是圣经的唯一目标。(417)

帕斯卡尔不是支持一种暧昧不明、泛泛的宗教观。他的宗教观显然是清晰的基督教世界观,他有力地勾画出这个世界观,并颇有说服力地将它荐与世人。他希望自己的写作帮助我们看清真理和这个世界观的重要性。他想帮助我们理解这一切。他想帮助我们开始向正确的方向迈进,最终能够加入上帝圣徒的伟大行列。但是帕斯卡尔也知道,单靠他自己不能为我们做到这些。我们单靠自己也无法成功。帕斯卡尔说得极为深刻:

使一个人成为圣徒,一定需要上帝的恩典;谁要对此有怀疑,便不懂得圣徒或人到底是什么。(869)

唯独凭借上帝的恩典,信仰、理性和人生的意义最终才能联合起来,彼此成就。

这对于人类来说是颇有说服力的一种洞见,也值得我们极大的关注。

英汉译名对照表

A

Aesop 伊索
Agrippa 阿格里帕
Allen, Woody 伍迪·艾伦
Anselm, St. 圣安瑟伦
Aristotle 亚里士多德
Athanasius, St. 圣阿塔那修
Augustine, St. 圣奥古斯丁

B

Bierce, Ambrose 安布罗斯·比尔斯
Bismarck, Otto Eduard Leopold von 俾斯麦
Bloom, Allan 阿兰·布鲁姆
Buckle, Henry Thomas 伯克尔
Buddha 佛

C

Clifford, W. K. 克利福德
Cousins, Norman 诺曼·卡森斯
Crocker, Lester 莱斯特·克罗克

D

Desargues, Gérard 格拉德·笛沙格
Descartes, René 笛卡尔
Duchamp, Marcel 马塞尔·杜尚

E

Eliot, T. S. 艾略特
Empiricus, Sextus 塞克斯都·恩披里克

F

Fermat, Pierre de 费玛

G

Gassendi, Pierre 皮埃尔·伽桑狄
God 上帝
Goldman, Lucien 吕西安·戈德曼

H

Hanson, Norwood Russell 汉森
Hobbes, Thomas 托马斯·霍布斯
Hume, David 大卫·休谟

J

Jansen, Cornelius 科尼利乌斯·詹森
Jansenism 詹森派

Jesus 耶稣
Jordan, Michael 迈克尔·乔丹

K

Kolakowski, Leszek 科拉科夫斯基

L

Le Pailleur 勒帕勒尔
Lewis, C. S. C. S. 路易斯

M

Mahomet 穆罕默德
Maritain, Jacques 雅克·马里坦
Mencken, H. L. 门肯
Mersenne, Marin 马林·梅森
Montaigne, Michel de 蒙田
Morris, Matthew 马太·莫里斯
Morris, Sara 撒拉·莫里斯

N

Nicodemus 尼哥底母
Notre Dame 圣母大学

O

O'Hear, Anthony 安东尼·欧黑尔

P

Pascal, Étienne 艾蒂安·帕斯卡尔
Petit 佩蒂

Plato 柏拉图
Pope, Alexander 蒲柏
Protagoras 普罗泰格拉
Pyrrho of Ellis 埃里斯的皮浪

R

Richelieu, Cardinal 黎塞留主教
Roberval, Gilles Personne 罗伯瓦
Russell, Bertrand 罗素

S

Saint-Cyran, Abbé de 圣西兰神父
Sánchez, Francisco 弗兰西斯科·桑切斯
Smith, Dean 迪恩·史密斯
Socrates 苏格拉底
Suares, André 安德烈·苏亚雷斯

T

Tennyson, Alfred Lord 丁尼生男爵,阿尔弗雷德
Tolstoy, Leo 列夫·托尔斯泰
Twain, Mark 马克·吐温

V

Voltaire 伏尔泰

W

Wigner, Eugene 尤金·魏格纳

图书在版编目（CIP）数据

帕斯卡尔与人生的意义/（美）托马斯·莫里斯（Thomas V.
Morris）著；李瑞萍译.—上海：上海三联书店，2023.8
ISBN 978-7-5426-5900-2

Ⅰ.①帕…　Ⅱ.①托…　②李…　Ⅲ.①帕斯卡（Pascal,Blaise
1623—1662）—人生哲学—研究　Ⅳ.①B565.23

中国版本图书馆 CIP 数据核字（2017）第 077012 号

帕斯卡尔与人生的意义

著　　者／托马斯·莫里斯
译　　者／李瑞萍

丛书策划／橡树文字工作室
特约编辑／贾玉梅
责任编辑／邱　红
装帧设计／徐　徐
监　　制／姚　军
责任校对／王凌霄

出版发行／上海三联书店
　　　　　（200030）中国上海市漕溪北路 331 号 A 座 6 楼
邮　　箱／ sdxsanlian@sina.com
邮购电话／ 021-22895540
印　　刷／上海盛通时代印刷有限公司

版　　次／ 2023 年 8 月第 1 版
印　　次／ 2023 年 8 月第 1 次印刷
开　　本／ 890 mm×1240 mm　1/32
字　　数／ 150 千字
印　　张／ 7.375
书　　号／ ISBN 978-7-5426-5900-2/B·525
定　　价／ 58.00 元

敬启读者，如发现本书有印装质量问题，请与印刷厂联系 021-37910000